科技教师能力提升丛书

STEM教育理论与实践

王田 谭洪政 主编

清华大学出版社

北京

内 容 简 介

本书围绕理论与实践两大模块进行讲解，理论模块主要介绍 STEM 教育理念与定义，理清 S、T、E、M 这四个字母所代表的含义与关系，讲清如何进行 STEM 教育及 STEM 教育中科学探究与工程实践的方法；实践模块则围绕适合在学校开展的 STEM 教育案例和适合在教育共同体（科技馆、动物园、高校等）开展的 STEM 教育案例，共精选七个案例，分别适用于不同年级，具有不同的代表性。

本书可作为中小学校、校外培训机构、科技馆所等科技教师和科技辅导员的培训用书，也可作为教师提升科学素养，提高专业能力，开展教学活动的参考用书。

图书在版编目（CIP）数据

STEM 教育理论与实践 / 王田，谭洪政主编 . —北京：清华大学出版社，2020.12（2021.7重印）
（科技教师能力提升丛书）
ISBN 978-7-302-56941-1

Ⅰ . ① S… Ⅱ . ① 王… ② 谭… Ⅲ . ① 科学教育学 Ⅳ . ① G40-05

中国版本图书馆 CIP 数据核字（2020）第 228198 号

责任编辑：田在儒
封面设计：刘 键
责任校对：赵琳爽
责任印制：宋 林

出版发行：清华大学出版社
　　　　　网　　　址：http://www.tup.com.cn，http://www.wqbook.com
　　　　　地　　　址：北京清华大学学研大厦A座　　　　邮　　编：100084
　　　　　社 总 机：010-62770175　　　　邮　　购：010-62786544
　　　　　投稿与读者服务：010-62776969，c-service@tup.tsinghua.edu.cn
　　　　　质量反馈：010-62772015，zhiliang@tup.tsinghua.edu.cn
印 装 者：小森印刷（北京）有限公司
经　　销：全国新华书店
开　　本：203mm×260mm　　　印　张：10.5　　　字　　数：238千字
版　　次：2020年12月第1版　　　　　　　印　　次：2021年7月第2次印刷
定　　价：79.00元

产品编号：087396-01

丛书编委会

顾　问

吴岳良　匡廷云　金　涌　黎乐民　赵振业　张锁江

主　编

马　林

副 主 编

刘晓勘

编委成员（以下按姓氏笔画排序）

王　田　王　霞　朱丽君　毕　欣　闫莹莹　何素兴　李　璠

杜春燕　张　飞　张　珂　张晓虎　陈　鹏　陈宏程　卓小利

周　玥　赵　溪　郑剑春　郑娅峰　高　山　高　凯　郭秀平

傅　骞　谭洪政

评审委员（以下按姓氏笔画排序）

王洪鹏　叶兆宁　付　雷　付志勇　白　明　白　欣　司宏伟

吕　鹏　刘　兵　刘　玲　孙　众　朱永海　张文增　张军霞

张志敏　张增一　李云文　李正福　陈　虔　林长春　郑永春

姜玉龙　柏　毅　翁　恺　耿宇鹏　贾　欣　高云峰　高付元

高宏斌　詹　琰

项目组组长

张晓虎

项目组成员（以下按姓氏笔画排序）

丁　岭　王　康　王小丹　王志成　王剑乔　石　峭　田在儒

刘　然　吴　媛　张　军　张　弛　张和平　芦晓鹏　李　云

李佳熹　李金欢　李美依　屈玉侠　庞　引　赵　峰　洪　亮

聂军来　韩媛媛　程　锐

本书编委会

主　编

王　田　　谭洪政

主　审

白雪峰

编　委

（按姓氏笔画排序）

王诗琦　　申大山　　付　静　　伊　娜

肖　野　　郑良栋　　赵兴华

丛书序

当前，我国各项事业已经进入快速发展的阶段。支撑发展的核心是人才，尤其是科技创新的拔尖人才将成为提升我国核心竞争力的关键要素。

青少年是祖国的未来，是科技创新人才教育培养的起点。科技教师是青少年科学梦想的领路人。新时代，针对青少年的科学教育事业面临着新的要求，科技教师不仅要传播科学知识，更要注重科学思想与方法的传递，将科学思想、方法与学校课程结合起来，内化为青少年的思维方式，培养他们发现问题、解决问题的能力，为他们将来成为科技创新人才打牢素质基础。

发展科学教育离不开高素质、高水准的科技教师队伍。为了帮助中小学科技教师提升教学能力，更加深刻地认识科学教育的本质，提升自主设计科学课程和教学实践的能力，北京市科学技术协会汇集多方力量和智慧，汇聚众多科技教育名师，坚持对标国际水平、聚焦科技前沿、面向一线教学、注重科教实用的原则，组织编写了"科技教师能力提升丛书"。

丛书包含大量来自科学教育一线的优秀案例，既有针对科技前沿、科学教育、科学思想的理论探究，又有与 STEM 教育、科创活动、科学课程开发等相关的教学方法分享，还有程序设计、人工智能等方面的课例实践指导。这些内容可以帮助科技教师通过丰富多彩的科技教育活动，引导青少年学习科学知识、掌握科学方法、培养科学思维。

希望"科技教师能力提升丛书"的出版，能够从多方面促进广大科技教师能力提升，推动我国创新人才教育事业发展。

丛书编委会

2020 年 12 月

前　言

　　STEM 教育是科学（Science）、技术（Technology）、工程（Engineering）及数学（Mathematics）的英文首字母组合而成的。STEM 课程是指有意识地将知识、技能、原则或价值观应用于多个学科，并通过一个明确的核心主题、问题、过程、现实经验或专业应用展示出来，进而设计而成的涵盖科学、技术、工程与数学领域的整体课程。在 STEM 课程中，科学与工程是核心，技术是手段，数学是基础，在这其中融入跨学科素养，培养具有综合素养的人才是 STEM 课程的目标。

　　想要实现这样的目标，需要学校、家庭、社会共同努力，通过为学生营造真实情境的课程体系，使学生能够浸润其中，在将课本知识体系应用的同时，又注重方法、思维及社会意识的培养。清华大学附属中学是一所百年名校，从 2010 年开设"走进圆明园、走进实验室、走进图书馆"的"三走进"课程，至 2013 年创办创客空间，到 2015 建立顶尖的高等项目研究实验室（简称高研实验室）以来，积累了丰富的课程资源与素材，搭建了从小学到高中的完善的课程体系，并且从 2017 年开始联合国内外专家学者共同制定了符合中国特色的 STEM 课程实施规划。

　　本书汇集了清华大学附属中学近十年 STEM 研究的成果，从理论层次到实践层次都有深度讲解，并且精心筛选了七个优秀课例，囊括了小学、初中及高中各个阶段，并按照适合在学校开展的 STEM 教育及适合在教育共同体开展的 STEM 教育作为划分依据，供读者参考借鉴。

本书勘误及
教学资源更新

本书由王田、谭洪政主编，白雪峰主审，多位人士参与了编写工作，第 1 章由谭洪政编写，第 2 章由谭洪政、郑良栋、付静编写，第 3 章由付静、王诗琦、申大山编写，第 4 章由王田、谭洪政、赵兴华、伊娜、肖野编写。本书得到了清华大学附属中学领导及全体教师的大力支持，在此一并感谢。还要特别感谢韩星、曹权、彭国旺对于整本书的架构、内容给出了大量有效的建议。

由于编者水平有限，书中若有疏漏之处，敬请广大读者批评、指正。

本书编委会

2020 年 12 月

目　录

第 1 章

STEM 教育理念与探索

1

C H A P T E R 1

1.1　STEM 研究现状　/2

　　1.1.1　STEM 教育在世界各国的发展历程　/2

　　1.1.2　STEM 教育在中国　/4

1.2　STEM 教育的起源探究　/6

　　1.2.1　热闹纷呈的 1958 年　/6

　　1.2.2　NASA 与 STEM　/9

1.3　STEM 教育理论概况　/11

　　1.3.1　STEM 教育理念的本质特征　/12

　　1.3.2　STEM 教育关系框架　/15

第 2 章

如何开展 STEM 教育

19

C H A P T E R 2

2.1 如何进行 STEM 选题 / 20

2.1.1 主题选择的方法 / 20

2.1.2 主题选择的一般过程 / 22

2.2 如何进行 STEM 课程设计 / 22

2.2.1 STEM 课程设计原则 / 22

2.2.2 STEM 课程设计方法 / 24

2.2.3 STEM 课程设计的一般过程 / 25

2.3 STEM 课程实施策略 / 27

2.3.1 STEM 课堂中的座位排布与分组策略 / 27

2.3.2 STEM 教育理念在学科教学中的应用 / 35

2.4 STEM 课程评价 / 40

第 3 章

适合学校的STEM教学课例

45

C H A P T E R 3

3.1 如何围绕学科核心内容开展 STEM 课程
——以"水果中的营养"为例 / 46

3.1.1 课例说明 / 46

3.1.2 课例分享 / 49

3.2 在技术与工程世界践行 STEM 课程
——以"纸上钢琴"为例 / 56

3.2.1 课例说明 / 56

3.2.2 课例分享 / 59

3.3 面向社会关注热点的 STEM 课程
——以"净水挑战"为例 / 64

3.3.1 课例说明 / 64

3.3.2 课例分享 / 67

第 4 章

适合教育共同体的 STEM 教学课例

77

C H A P T E R 4

4.1 走进科技馆——以"制作福特 T 型迷你车"为例 / 78

    4.1.1 课例说明 / 78

    4.1.2 课例分享 / 79

4.2 走进艺术世界——以"走进艺术博物馆、走进美术学院"为例 / 97

    4.2.1 课例说明 / 97

    4.2.2 课例分享 / 100

4.3 走进野外实践——以"鸟瞰地球"为例 / 115

    4.3.1 课例说明 / 115

    4.3.2 课例分享 / 118

4.4 走进历史遗迹——以"皇家取暖探究"为例 / 137

    4.4.1 课例说明 / 137

    4.4.2 课例分享 / 141

参考文献 / 153

01

STEM 教育
理念与探索

1.1　STEM 研究现状

1.2　STEM 教育的起源探究

1.3　STEM 教育理论概况

1.1　STEM 研究现状

随着时代的进步，国家间的竞争日益凸显为人才的竞争，科学与科学教育的联系从未有如今这般紧密，从美国的 STEM 教育，到德国的 MINT 教育，再到韩国的整合性人才教育，以科学和工程为核心的跨学科教育承载着在全球范围内打造国家核心竞争力的重大任务。

那么如何实现人才培养特别是顶尖人才的培养呢？需要学校、家庭、社会共同努力，为学生营造真实情境的课程体系，使学生能够浸润其中，在将课本知识体系应用的同时，注重方法、思维及社会意识等的培养。

开展以科学与工程为核心的 STEM 课程是落实跨学科教育的核心，可以有效地提升学生的科学与工程素养。对于专业发展的学生而言，他们能够通过跨学科课程形成对科学本质的深刻认识，崇尚求真的科学精神，通晓科学探究的关键方法，或明晰工程设计流程，熟练使用技术手段与工具，有效地发展创造性思维，提升现实问题的解决能力和公共决策能力；对于非专业发展的学生而言，他们能够通过跨学科课程接受完整的科学通识教育，构建完整的科学认知，树立正确的科学思想，发展创新性思维，提升参与公共事务的能力。

STEM 课程是指有意识地将知识、技能、原则或价值观应用于多个学科，并通过一个明确的核心主题、问题、过程或专业应用展示出来，进而设计而成的涵盖科学、技术、工程与数学领域的整合课程。在跨学科教学课程中，科学与工程是核心，技术是手段，数学是基础。

以科学与工程为核心的 STEM 课程旨在落实立德树人的根本任务，是落实中国学生发展核心素养的重要途径，为全体学生的大学学习、职业生涯与终身发展奠定基础。以科学与工程为核心的 STEM 课程还是发展素质教育的重要载体，能够帮助学生树立科学的世界观和正确的价值观。

1.1.1　STEM 教育在世界各国的发展历程

1986 年美国国家科学委员会首次提出 STEM 教育概念，引发了全球对 STEM 教育的关注。随后 2007—2011 年，美国国会通过《国家竞争力法》，提出加强 STEM 教育投入；并先后制定《K-12 科学教育框架》《新一代科学教育标准》等一系列政策贯彻实施 STEM 教育，包括奖学金、STEM 类教师的培养及大学层面的 STEM 研究计划等。STEM 这一概念在近年来受到美国科学界、教育界的重视，一方面是对 STEM 教育课程方面，对待这四个方面的学科内容同等重视，并加强四个学科的融合培养，而非独立教学；另一方面，美国近年来在高科技领域中，具有扎实 STEM 学科功底的人才的日渐缺乏，导致美国在 STEM 人才培养上日益重视，并加大 STEM 人才引入在移民政策方面的倾斜（Gonzalez and Kuenzi，2012）。美国国家科学基金每年会投入大量经费资助幼儿园至 12 年级（高中三年级）在 STEM 教育方面的研究，这反映的是美国科学界、教育界结合产业人才需求的变化，对人才培养做出相应调整的快速响应措施。未来社会各个产业，尤其是高科技产业对 STEM 方面优势人才的大量需求是美国大力投入 STEM 教育建设的重要原因。其中《新一代科学教育标准》提出了科学与工程实践、学科核心概念及跨学科共同概念为一体的框架体系，这对于如何开展 STEM 课程具有指导意义。

2013 年 5 月，奥巴马政府颁布《国家 STEM 教育五年战略计划》，美国政府宣布在五年中将投入超过 10 亿美元，用于 STEM 教育推广和教师培训等工作。

在 2018 年 12 月 3 日，美国白宫公布新的五年战略计划——《制定成功路线：美国的 STEM 战略》，又称"北极星计划"。"北极星计划"由美国国家科学技术委员会、STEM 教育委员会和白宫科技政策办公室共同制定，在未来将指导联邦政府对 STEM 教育进行投资，从愿景、STEM 教育目标、实施路径等几个维度进行了规划。计划中提到未来五年的愿景是，所有的美国公民接受终身高质量的 STEM 教育，美国成为在 STEM 素养、创新及就业等方面的全球领导者。要实现这样的愿景，需要完成以下三个教育目标。

（1）对 STEM 素养的培养建立强大的基础条件。

（2）提高 STEM 的多样性、公平性及包容性。

（3）为未来的 STEM 工作做好准备。

计划中明确了要取得 STEM 成功的实施路径，包括以下内容。

（1）发展和丰富战略合作伙伴关系，培育新的或者增强已有的教育实体与社区间的联系。

（2）鼓励学生参与到学科交叉的 STEM 课程中。

（3）通过 STEM 课程建立学生计算思维。

（4）实施透明和问责管理机制。

其他国家也先后发展 STEM 教育。德国引入美国的 STEM 教育理念，但由于语言的不同，STEM 教育在德国称为 MINT 教育。日本在小学阶段推行了针对研究性人才培养的 STEM 教育，高中用 STEM 教育实施精英式培养，但总体评价，日本 STEM 教育还是局部的、潜在的。韩国在 2011 出台《搞活整合型人才教育（STEAM）方案》，实施 STEAM 教育。澳大利亚自 2013 年起从州的范围拓展到国家层面实施 STEM 教育。

1.1.2　STEM 教育在中国

2001 年起，我国在科技教育领域开始对 STEM 教育进行引入与介绍，2006 年制定《全民科学素质行动计划纲要（2006—2020 年）》，在 2016 年由国务院办公厅印发《全民科学素质行动计划纲要实施方案（2016—2020 年）》，从制度上进一步明确要加强全民科学素质；2016 年教育部在《教育信息化"十三五"规划》中明确提出发展跨学科学习；2017 年教育部印发《义务教育小学科学课程标准》鼓励教师在教学实践中尝试 STEM 教育；2018 年教育部颁布普通高中各学科课程标准（2017 年版），STEM 多次出现在多个学科中；2019 年 6 月 23 日国务院发布《关于深化教育教学改革全面提高义务教育质量的意见》提出探索基于学科的课程综合化教学，开展研究型、项目化、合作式学习。与此同时，中国教科院也先后发布《中国 STEM 教育白皮书》《中国 STEM 教育 2029 行动计划》《STEM 教师能力等级标准（试行）》等一系列研究报告。

从相关的政策、报告、标准中可以看出，跨学科学习、STEM、项目化、研究化学习已经融入我国的教育教学体系中。那么 STEM 学习究竟可以给学生带来什么呢？在 2017 年中共中央办公厅、国务院办公厅颁布的《关于深化教育体制机制改革的意见》中着重提出了培养学生的四大关键能力。

（1）培养认知能力，引导学生具备独立思考、逻辑推理、信息加工、学会学习、语言表达和文字写作的素养，形成浓厚的学习兴趣和良好的学习习惯，养成终身学习的意识和能力。

（2）培养合作能力，引导学生学会自我管理，学会与他人合作，学会过集体生活，学会处理好个人与社会的关系，遵守、履行道德准则和行为规范。

（3）培养创新能力，激发学生好奇心、想象力和创新思维，养成创新人格，鼓励学生勇于探索、大胆尝试、创新创造。

（4）培养职业能力，引导学生适应社会需求，树立爱岗敬业、精益求精的职业精神，践行知行合一，积极动手实践和解决实际问题。

在《关于深化教育体制机制改革的意见》中提出的四大能力从学生的认知、合作、创新及未来职业发展四个角度进行了阐述，更加强调了学生的独立思考能力、终身学习习惯、合作及创新等，这就为课程设计、实施、评价等环节指明了方向。那么目前STEM教育遇到了哪些挑战呢？我们梳理了国内外研究及结合自身发展遇到的问题进行了汇总。

1）缺少STEM教育顶层设计

目前国家对于STEM的整体定位高度仍需提升，而不仅仅是将STEM视为一种教学方法或手段，更应像欧美等发达国家，从高等教育、基础教育甚至学前教育设置一套规范的符合国情的体系设计，特别是人才培养、产业升级等方面的倾斜，更加强调综合素质人才的培养。

2）STEM师资匮乏

韩愈在《师说》中曾道：闻道有先后，术业有专攻。在传统教育背景下，需要教师教授以知识点为核心的有体系的课程。作为跨学科课程，教师鲜有涉猎。这就导致教师不一定"闻道有先后"，甚至"术业有专攻"了。在美国，STEM教师的缺乏使美国政府不断加大资金投入量到STEM教师的培养中。在中国，从事STEM教学的教师大多为技术类教师，师资的匮乏进一步限制了STEM的发展。

3）配套资源及社会联动机制不健全

开展STEM教学除了国家的顶层设计、教师培训外，在相关的配套资源方面也凸显劣势，诸如相关设备仪器、教学环境等。各种研究机构、科普机构（如公园、博物馆、科技馆等）、社区甚至家庭的参与度较低，同时东、西部资源分配的不均衡也导致我国STEM开展难度增加。

4）缺少完整的STEM课程框架

中国拥有一套体系完备、内容丰富的校内课程体系，也建立了一套科学完整的课程标准，但是在跨学科学习或者STEM课程领域还缺乏完整的课程框架或标准。但是因为标准是需要严格遵守并执行的，适用于常规的课程，对于像STEM这样的跨学科类课程而言，其课程难度、课程知识点、属性等不能用一个统一的标准来衡量，所以我们更加倾向于建立一套课程框架，指导教师如何在课程框架里进行课程设计、教学、评价等。

清华大学附属中学从2010年开设"三走进"课程，至2013年创办创客空间，到2015年与美国排名第一的科技高中托马斯杰斐逊科技高中合作建立顶尖的高等项目研究实验室以来，积累了丰富的课程资源与素材，搭建了从小学到高中的完善的课程体系，并且从 2017 年开始联合国内外专家学者共同制定了符合中国特色的 STEM 课程实施规划。

在中国特色的 STEM 课程的实施层面，清华大学附属中学也做了诸多尝试，诸如针对师资匮乏，采用"专家请进来走出去"的方式，通过"走班制"的上课策略，快速提升教师特别是年轻教师在 STEM 教学上的理解、实践与反思；针对社会联动问题，学校与高校院系、动物园、博物馆、科技馆等签订战略合作协议，从而调动各方资源参与到课程建设实施上来。这些尝试和探索对推动我国 STEM 教育的发展特别是顶尖人才的培养有着积极重要的探索意义。

1.2　STEM 教育的起源探究

在细致了解 STEM 教育理念前，首先要了解 STEM 诞生的背景及其目的。

纵观近现代史的发展，我们可以发现每一次大的变革都会对科技的发展、历史的进程起到推进的作用。

第二次世界大战在一定程度上改变了世界的格局，世界财富开始向美国转移，美国通过大量的黄金储备建立了布雷顿森林体系，确立了外汇自由化、资本自由化和贸易自由化为主要内容的多边经济制度，通过美元与黄金挂钩，其他国家货币与美元挂钩的方式确立了美国的霸主地位。除了对于经济上的影响之外，第二次世界大战对于科技发展也产生了重大影响。第二次世界大战之前美国对于科学的支持力度是有限的，随着战争的开展，特别是德国在战争初期展示的坦克、大炮等新型武器使美国人不断反思，如果准备参战，必须研制自己的现代化武器。在这样的需求背景下，大批的科学家、工程师等高精尖人才聚集在一起，为同一目标而努力，在这一时期大量的新产品、新技术被发明和改良，包括原子弹、潜艇、雷达等，实现了短期内密集的科技进步，培养了大量的优秀人才，建立了美国科技领先的地位。

1.2.1　热闹纷呈的 1958 年

第二次世界大战后世界格局发生了巨大变化，以美国和苏联为主导的新的世界秩序得以建立，两个超级大国之间的竞争也越来越激烈，特别是航空航天领域的竞赛。

火箭最早是由中国人发明的，早在宋朝甚至之前便有利用火药燃烧产生高速气体推进的技术，据说，1083 年宋朝与西夏的兰州之战便大量使用了火箭。火箭的技术发展经历了长时间的实践与理论的探索，被誉为现代火箭航天技术先驱的俄国科学家齐奥尔科夫斯基提出液体燃料火箭，通过高达德的试验被证明其理论的可行性；彼时由于各个国家正致力于发展飞机的相关技术，对于火箭没有足够的认识，但作为第一次世界大战战败国的德国却看到了火箭的优越性，德国科学家奥博特建立了航宇火箭的数学理论基础，他的学生冯·布劳恩在 1930 年发明了液氧和煤油混合燃料，之后德国在之前的基础上于 1943 年发明了 V-2 导弹，其超强的性能震惊世界。第二次世界大战结束后，冯·布劳恩等一批优秀的德国科学家被美国逮捕，此后冯·布劳恩对于美国的航天事业的发展起到了关键的作用，从这一侧面也可以看出优秀的人才对于国家发展的重要性。

第二次世界大战结束后，苏联也在紧锣密鼓地开展相关研究，在科罗列夫的领导下，先后成功发射了近程、中程、远程和战术导弹，苏联的火箭和导弹技术以惊人的速度发展起来。1957 年是一个应该被记住的年份，在这一年的 8 月 21 日，苏联成功发射了第一枚洲际弹道导弹，射程达 8000km；1957 年 10 月 4 日，苏联使用两级火箭成功发射了第一颗人造地球卫星（Sputnik），重 83.6kg，直径 58cm，中间装有一个能发射电码的发报机，一共在轨道上运行了 92 天，世界各地的监测站均收到了来自太空的电码。1957 年 12 月 4 日，苏联又发射了第二颗卫星，卫星重量达到了 500kg，而且带上了一只小狗。

正当各界在为航天时代的到来而庆祝时，美国国内却一片慌乱，许多政要、媒体及公众声讨政府的无能与失策，特别是对于美国的教育体制的抨击，其中对于公立学校学生的培养体系抨击的尤为激烈。在此时，美国也意识到无论是科学还是国家的竞争，自己已经不是遥遥领先的地位了，而是各方面都落后了。

在遇到问题后，需要反思问题出在哪里，美国当时纷纷指责学校教育是整个防御战略中最薄弱的环节，还有人指出，美国的科研体制过于强调研究的实用性，使科学研究过多地与军事目的挂钩，联邦政府对基础研究的资助力度有限，并且政府没有意识到科学研究的发展必须依靠强大的基础研究和完善的科研队伍。在这里我们需要简单介绍 1957 年之前的美国教育体制。

起源于 19 世纪末的进步主义教育运动，持续近半个世纪的运动对于当时美国的学校教育产生了重大的影响。被称为进步教育之父的帕克尔提出"教育要使学校适应儿童，而不是使儿童适应学校"的规则，旨在弱化以强调严格训练、注重记忆、学生处于被动学习地位的欧洲的传统教育，并于 19 世纪 70 年代首先引进了新教学方法的实验。20 世纪初，杜威将实用主义哲学运用于教育领域，提出"教育即生活"和"学校即社会"的观点。这时期出现的主要理论和方法有：帕克的昆西教学法，约翰逊的有机教育学校，沃特的葛雷制，以儿童中心取向的帕克赫斯特的道尔顿制，华虚朋的文纳特卡计划及社会中心取向的教育理论和实验等。具体体现在以下方面。

（1）美国中小学学制从传统的"8-4"学制转变为"6-3-3"学制。

（2）在保留传统课程的基础上，增设了商业、农业、家政、艺术和多种活动课程。

（3）教学方法发生重大变革，以鼓励学生主动探究、教师辅助指导为核心，建立以儿童为中心的学生观，以生活为内容的课程观，以解决问题为方法的教学观。

（4）鼓励师生互动，淡化权威意识。

（5）改进学校管理方式，教师和家长能够深入参与到学校管理及规则的制定中。

第二次世界大战之后，美国学校的教育以进步主义教育的重要项目"生活调整运动"（the Life Adjustment Movement）为主，旨在为学生教授生活技能（Life Skill），而这样的教育内容对于高中毕业后不准备进入大学或者其他类型的专科学校进行学习的学生尤为有效。但是对于顶尖人才的培养缺乏有效支撑，许多的专家学者甚至是院士批评这种教育过于软弱（Soft），他们认为教育学的教授和教育学院应该对美国学生成绩不佳负有主要责任。特别是苏联的第一颗人造卫星成功发射上天之后，美国国内对于教育改革的呼声越来越大。1957年《进步教育》杂志停办，标志着进步主义教育运动的解体。许多研究的学者也一致认为苏联卫星Sputnik的发射是许多改革的导火索。但目前也有许多学者认为，早在苏联卫星成功发射之前，美国联邦政府以及整个社会都已经充分意识到了美国教育的危机，这种危机是综合的、全面的，而不仅限于科学教育，危机感不是源于"冷战"的压力，而是表现为整个学校体系已经无法适应社会发展。

通过前期的大量调研及反思，1944年颁布的《退伍军人法案》没有能够为战后美国经济腾飞提供强有力的智力保障和充足的人才支持，作为进步教育运动的重要项目生活调整运动也由于教育目标缺乏学术性而未能为国家培养掌握自然科学技术的高端人才，社会各界对美国平庸教育的合力批判则点燃了教育改革之火，它们共同推动了《国防教育法》的出台。美国于1958年8月颁布了《国防教育法》（National Defense Education Act，NDEA），艾森豪威尔在批准该法时指出："通过这个法律，大大加强了我们美国的教育制度，使之能满足国家安全所提出的要求。"美国舆论认为《国防教育法》是美国"一百多年来第一个重大的资助教育的法案"，是"美国教育史上划时代的文献"。该法案主要针对大学教育，授权为学生提供国防奖学金和贷款，与此同时 NDEA 也为国家教育机构提供基金，以此来提高对于科学、数学和"现代外语"（这里指诸如俄语，而不是拉丁文）等的教学。NDEA 颁布的目的是提升和强化美国学校体系的水平，鼓励学生在高中毕业后进一步地深造。

作为美国教育发展史上具有划时代意义的《国防教育法》首次以法律的形式把教育置于事关国家安全的重要战略地位，而且着重地强调了教育在学校系统的开展，并提高科学、数学和现代外语等学科的教学，而这为整体的美国教育导向奠定了基调。

同样在 1958 年这一年，美国总统艾森豪威尔签署《美国国家航空暨太空法案》，同年美国航空航天局（National Aeronautics and Space Administration，NASA）成立；尽管几个世纪以来许多美国名人一直对科学感兴趣，例如富兰克林、托马斯·杰斐逊等都是卓越的发明家和科学家，但人们普遍认为 NASA 的成立才是科学要服务于美国国家重大利益的一个开端。NASA 作为美国联邦政府的一个行政性科研机构，负责制订、实施美国的太空计划，并开展相关研究。NASA 的成立为美国日后的太空发展奠定了坚实的基础。1965 年，冯·布劳恩领导研制出了"土星五号"火箭，为阿波罗登月计划铺平了道路，在 1969 年，人类首次登陆月球，历经多年取得的这一伟大成就载入人类史册。在 NASA 不断取得成绩的背后，我们也应看到每一项巨大工程的完成均需要不同学科、不同专业的密切配合，所涉及的领域横跨能源、材料、机械、电子等工程，也包含了物理、生命、化学等基础科学研究，在这其中数学的基础作用也同样发挥了重要的影响，而这些涉及科学、工程、数学等的大范围知识体系与《国防教育法》的核心内容遥相呼应，相得益彰。

1958 年是热闹的一年，除了《国防教育法》的颁布及 NASA 的成立，在这一年的 3 月 15 日，苏联发射了第三颗卫星，美国紧随其后发射了"先锋 1 号"卫星；10 月 11 日，美国发射了"先驱者 1 号"，12 月 18 日，美国成功发射了"成功计划"。空间竞赛也随之拉开了大幕。

1.2.2 NASA 与 STEM

《国防教育法》的颁布以及 NASA 的成立使美国在科技人才储备及科技发展上取得了卓越的成绩，通过第二次世界大战及太空竞赛形成了以工程为主导研究思路，同时在经历些许挫折后，又加大了科学研究特别是基础学科的研究，这些工作也为后续 STEM 的开展奠定了基础条件。

NASA 在推进 STEM 教育过程中扮演了非常重要的角色，不仅将大量的研究特别是高精尖研究开放给学生进行学习，还专门设立了相关的 NASA 基金，NASA 每年会拿出 15 亿美元用于研究与开发课程等活动（数据来源：NASA 官网），资助对象包括大学和学院的 STEM 项目、科学中心、博物馆、天文馆、科学研究机构、公司甚至财团等。之所以 NASA 如此重视 STEM 研究，主要原因有以下两个方面。

1. 来自其科研实践背后总结出来的相关的规律及需求

随着国际竞争的深入，美国对于科技人才的需求越来越大，而且高水平的人才不仅是单学科的人才，也是只注重理论研究而不能将理论转化成实际成果的人才，而应该是掌握具有跨学科能力的人才。如何培养这样的人才，NASA 在不断思考总结之后发现，将教学或者研究与 NASA 的任务本身相关联，或直接嵌入，或间接模仿，使学生置身于真实的目标环境中进行学习，学生的学习成效要远超过课程性教学。通过相关的研究与实践，NASA 坚定了开展 STEM 研究的决心与信心，其 STEM 的定义也从原来的对于科学项目研究、工程的实践的定义逐渐扩展到相关的教育实践领域。

2. NASA 的定位与社会责任

NASA 诞生于美苏冷战期间，旨在提升美国太空研究水平，作为隶属于联邦政府的行政性科研机构，一个重要的工作便是进行公众推广与引导公众参与，这就是我们常说的科普工作。在《美国国家航空暨太空法案》中明确"通过国家航空航天局之外的教育计划和学术研究计划培养受过训练的科学家和工程师，对于美国民用航天计划的未来至关重要"，在实施过程中"通过短期和长期的基础科学研究与开发以及促进科学、技术、工程和数学教育，能够提升创新能力和经济竞争力"，并"通过促进建设一个强的教育基地和培训活动来增进公众对空间资源的理解、评估、发展和应用，广泛而迅速地传播知识和技术"。从法律层面规定了 NASA 的工作职责与定位，从而更有利于 STEM 教育的推广。

NASA 的不断成长推动了技术的不断突破，促进了科学研究的不断进步，扩大了我们对于宇宙的了解，这些成绩的取得都有着共同的起源：科学、技术、工程和数学的教育。在 NASA 的 STEM 参与计划中，NASA 为美国的年轻人和教育者提供了学习 STEM 的相关工具及资料，NASA 在 STEM 教育方面的工作内容，可以概括为以下三点。

（1）为学生和公众建立独一无二的学习与科普机会，使其能够为 NASA 在探索与发现的工作中做出相应的贡献。

（2）通过让学生与 NASA 的人员协作，结合相关内容在真实的设施中进行真实的学习体验，从而建立一支多样化的未来 STEM 员工队伍。

（3）通过加强建立公众与 NASA 任务和工作内容的联系，增强公众对航空航天任务的理解。

从《国防教育法》和《美国国家航空暨太空法案》等相关的法律条文中，我们可以看到在 20 世纪 50 年代美国便提出加强科学、技术、工程、数学和现代外语等方面的教育，而这也是当前 STEM 的雏形，之所以说是现代 STEM 的雏形，这主要是当时讨论的大多是高等教育，在大学开展相关的 STEM 教育与研究。随着时间的推移、经验的积累，由 NASA 牵头开展的 STEM 教育活动也慢慢由大学延伸至中学、小学。

在 20 世纪 70 年代到 80 年代，手机、个人计算机、人工心脏、航天飞机发射、基因重组等先进技术相继出现，这在一定程度上也要归功于对科技教育的重视。1996 年美国颁布《国家科学教育标准》（*National Science Education Standards,* NSES），作为美国历史上的第一部科学教育标准旨在为美国的科学课程的发展提供指导，并对各州的科学课程提出了最基本的标准和规范，对于美国的科学教育发展具有深远影响。20 世纪 80 年代末 90 年代初美国数学教师协会（National Council of Teacher of Mathematics, NCTM）出台了《学校数学课程及评估标准》（*Curriculum and Evaluation Standards for School Mathematics*），《数学教学职业标准》（*Professional Standards for Teaching Mathematics*）和《学校数学评价标准》（*Assessment Standards for School Mathematics*）等一系列数学课程、教学、评价等相关的标准。这一系列科学、数学相关标准的出台为美国教育工作者的课堂提供了指导，帮助教师们制定课程，更好地为 K-12 的学生在 STEM 学习上做好准备。20 世纪 90 年代也是第一次使用首字母缩写来定义 STEM 主题，美国国家科学基金会（National Science Foundation）最初命名为 SMET，后来在 2001 年将其正式改为 STEM（Science, Technology, Engineering, Mathematics）。至此，STEM 正式登上历史舞台。

1.3 STEM 教育理论概况

STEM 教育是将科学（Science）、技术（Technology）、工程（Engineering）及数学（Mathematics）的英文首字母组合而成缩写。

2001 年美国国家科学基金会（National Science Foundation）对 STEM 进行了定义：STEM 不应仅包含数学、科学、工程和技术，还应包括社会行为科学如心理学、经济学、社会学、政治科学等（Breiner et al., 2012）。有的学者认为应当把艺术加入在 STEM 中，成为 STEAM（Science, Technology, Engineering, Art, Mathematics）（Connelly, 2012）。随着研究的深入，越来越多的学科被融入其中，在教学中也会发现解决某一问题往往需要多学科参与，STEM 不再仅仅是将四个学科知识的简单组合，更多地强调跨学科学习的过程，所以在本书中我们仍将以 STEM 作为核心研究对象，其余的学科理念将以跨学科综合能力的形式进行阐述。

可以将 STEM 课程更深层次地定义为有意识地将知识、技能、原则或价值观应用于多个学科，并通过一个明确的核心主题、问题、过程、现实经验或专业应用展示出来，进而设计而成的涵盖科学、技术、工程与数学的整合课程。

1.3.1 STEM 教育理念的本质特征

作为一个教育理念，STEM 教育理念具有哪些本质特征呢？根据我们的相关研究，STEM 教育理念的本质特征大致可以梳理为以下几个方面。

1. 注重跨学科学习，以工程实践为主线

在学科体系日益完善的今天，学生已经系统地接受了多年的学科教学，诸如在人文科学与自然科学教学中，我们常常分为文科、理科教学，这其中文科主要包括历史、政治、地理等，而理科主要包括物理、化学、生物等，学生通过学习这些基础知识也为日后进入大学学习工、理、文、经、管、法、教、农、医等专业奠定基础。随着科技水平的不断进步，社会的不断发展，用人单位对于学生综合素质的要求越来越高，于是许多教育者、教育管理部门也在不断推进教育的改革，特别是中高考的改革，对于学科的设置、学习的方式、教学的方式、评价的方式等都有了适应新时代潮流要求的改变。这其中 STEM 等字眼在多次相关的课标、文件中出现，一个主要原因便是 STEM 的跨学科学习的特征。STEM 作为一种以实践为特点的教学方式，能够有效地补充学科教学过程中的实践的缺失，在学习实践过程中，鼓励学生能够提出问题、多维度思考问题进而能够解决问题。

STEM 教育的工程基因一直镌刻在 STEM 课程之中，从最开始的 NASA 的巨型工程任务需求，到执行项目过程中众多的科学家、工程师跨界进行合作研究，无时无

刻都能感受到学科融合的重要性与必要性；尽管在 20 世纪 60 年代，一大批新的技术、新的科学发现及数学等学科都有了长足的发展，但诸如计算机、航空航天、生物医学等学科是伴随着诸如人类登月这样的大型工程才得以跨越式发展。从这一层面来说，提倡跨学科研究的同时以工程实践为主要目标是推动科学技术迅猛发展的重要内驱力。这也是 STEM 课程的基本特征之一。以工程实践为主线，一方面能够以明确的目标来完成知识的学习与技能的培养，另一方面能够对学科教学起到极大的补充。

2. 基于真实情境的项目或问题的学习

在 STEM 课程设计中，尽可能地基于真实情境或问题，这个情境或问题可以小到家居生活，也可以大到航空航天，不一而足。STEM 课程不要求一定是高大上的，登录 NASA 的课程资源网站 https://www.nasa.gov/stem，可以发现利用一张纸就可以折叠出纸飞机、纸火箭，再到用矿泉水瓶制作的水火箭，而这样的废物利用充斥着整个 NASA 的课程，也从侧面引导孩子节约资源保护环境。虽然材料简单，但整个课程过程始终围绕着一个主题来展开，例如水火箭项目，通过探究火箭发射，了解并掌握火箭工作原理、牛顿定律、动量、平抛、自由落体、物态变化等相关科学知识，利用数学相关技术与知识推演火箭飞行轨迹、预测着陆点等，使用相关的技术手段加工制作一个水火箭，完成一次模拟火箭发射的工程实践。在整个实践过程中，始终围绕着火箭发射这一主题展开，在这一过程中，学生的学习兴趣、主观能动性及探索欲会得到极大提升（图 1-1）。在 STEM 课程设计实践过程中，可以采用将复杂问题简单化、抽象出模型等方法来选择核心主题，从而构建基于真实情境下的 STEM 课程。

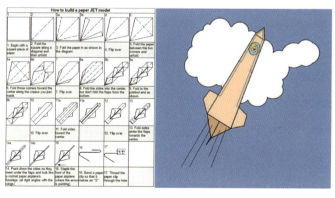

图 1-1　NASA 的 STEM 课程

3. 强调通过合作、探究、实践的方式解决问题

在科学研究过程中，常说要站在巨人的肩膀上，借助前辈的成果；同样在解决真

实问题或任务时，一个人的力量是有限的，需要借助团队的力量。学生按照小组或团队的方式参与到解决真实问题中，使学生与世界产生关联性；引导学生在解决问题过程中学会合作，学会倾听他人的看法，学会表达自我的想法，学会分析接受相左的意见，从而培养学生具有独立思考的能力、倾听与表达能力、决策能力及领导团队的能力。

在发现问题、解决问题过程中能独立思考，以自己的思考为依据，而非人云亦云。质疑是独立思考的开始，在STEM课程中，特别是团队合作过程中，鼓励学生学会质疑，通过自己的思考来判断所听所看的准确性。

学会倾听与表达，倾听是一种素养，耐心地听完别人的观点，对所收到的信息、建议等进行思考，找到背后支撑的论据与立场并加以加工，进而准确无误地表达出自己的观点，无论质疑还是支持，都是一种进步。

团队在经过一系列的质疑、讨论、头脑风暴后，突然发现眼前有许多种选择或方法，而且每一种看似都非常完美，那么该如何决策呢？都说选择大于努力，方向对了自然事半功倍。在这里需要简单了解一下决策，管理学大师彼得·德鲁克在《卓有成效的管理者》中定义了决策的以下五个特征。

（1）要确实了解问题的性质。

（2）要确实找出解决问题时必须满足的界限，换言之，应找出问题的"边界条件"。

（3）仔细思考解决问题的正确方案是什么，以及这些方案必须满足哪些条件，然后再考虑必要的妥协、适应及让步事项，以期该决策能够被接受。

（4）决策方案要同时兼顾执行措施，让决策变成可以被贯彻的行动。

（5）在执行过程中重视反馈，以印证决策的正确性及有效性。

所以在前期的讨论交流甚至决策过程中都可以按照这五点来思考判断，继而引导学生利用管理学中的方法与技巧进行决策，而这是在学科学习中学不到的。

一个团队是否优秀很大程度上取决于团队的凝聚力，而这依靠于组长的领导力与组员的支持。在STEM课程中鼓励采取推选与轮值主席相结合的方式进行团队管理，在学生阶段，学生的表现欲、心理、性格都存在不同，采取推选和轮值主席相结合的方式一方面鼓励更多的学生参与到团队管理中，另一方面也照顾到其他同学。作为团队的领导者，需要把握四个方面：①为团队制定简单明确的目标；②和成员交流沟通；③充分的信任与授权；④及时正确的反馈。所以在STEM课程中，教师除了教授相关知识之外，还要引导学生提升自身综合能力。

4. 强调多元评价方式，注重过程性评价

STEM 的评价可以从课程评价、教学评价、学生评价三方面来思考。在这里主要讨论一下学生评价，作为以工程为主线，强调跨学科学习与合作的一门课程，STEM 课程不能单纯地采用学科教学的评价方式，而应采用多元评价方式，在过程中允许学生出现错误，着重于过程的记录与评价，特别是团队合作的评价。

1.3.2　STEM 教育关系框架

STEM 教育注重跨学科学习，以工程实践为主线，那么在教学实践过程中该如何协调科学、技术、工程及数学之间的关系呢？

首先要明确科学、技术、工程这三个概念。

在《现代自然科学技术概论》中对科学进行了 5 种定义，第一种把科学定义为过程，第二、三种把科学定义为目的（成果），第四种把科学定义为手段，第五种把科学则定义为过程、目的、手段三者之和，根据文献及相关资料，人们普遍认为科学是知识体系，是认知活动取得的成果。科学主要分为自然科学、社会科学、思维科学、形式科学和交叉科学，在 STEM 中的科学主要指自然科学，自然科学是研究大自然中有机或无机的事物和现象的科学，包括天文学、物理学、化学、地球科学、生物学等。由温·哈伦编著、中国工程院韦钰院士翻译的《以大概念理念进行科学教育》系统地将科学按照大概念的方式进行了分类，主要包括：物质世界、相互作用、运动状态、能量转化、地球系统、宇宙空间、生物结构、物种竞争、遗传机制、变异进化10 个大概念。

对于技术的定义，《科学技术哲学导论》把技术分为经验型技术、实体型技术和知识型技术，这主要是由技术的要素组成，一项技术一般由运行经验、硬件（工具）及软件（使用方法）三部分组成，在该分类中，根据三种要素以何者为主进行划分；除此之外，按照技术的来源进行分类，可以分为经验技术和科学技术；按照适用范围进行划分可以分为通用技术和专用技术，例如信息技术、测量技术等在各行各业均可适用，可以为通用技术；而模具制造技术、基因编辑技术等只适用于机械工程、生物工程等领域，所以为专用技术。技术的种类有很多，分类方法也各有千秋，但其本质是人类为了实现社会需要而创造和发展起来的手段、方法和技能的总和，所以可以包括但不限于生物技术、材料技术、先进制造与自动化技术、电子信息技术、环境保护技

术、农业技术、能源与节能技术等。

工程是人们依据自然科学理论或者已有的经验，运用技术等手段有意识地进行改造社会或者自然的活动。工程的定义决定了工程是一项活动，而技术是这项活动中的一个手段。一方面技术能够支撑工程的实施，另一方面工程实践也能促进技术的发展。工程实践作为改造世界的活动，必须有技术的支撑。不论在科学探究还是工程实践的过程中，技术的开发是有目的性的，但技术本身是没有目的性的。

通过研究发现，科学是成果、技术是手段、工程是过程，三者是不同层面的内容，虽然不同，但密切相关，三者具有同一性，具体表现在以下几方面（图1-2）。

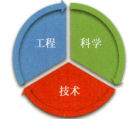

图1-2　科学、技术与工程互相作用

（1）同时性与交叉性，说明三种活动往往交织在一起，科学探究（认知世界）与工程实践（改造世界）可能同时进行，与技术开发可能也同时进行。

（2）互相依赖与转化，三者可能存在互相影响、互相转化的过程，互相影响是指工程实践需要科学知识的指导，科学知识的获得可能又需要从工程实践中获得，也有情况为工程实践与科学探究可能受技术的限制；互相转化是指在技术的开发过程中，把科学知识转化为技术。

（3）不确定性，在科学探究与工程实践过程中，科学知识或者认识、工程及技术在项目的作用具有不确定性，可能存在不同项目不同侧重点的情况。

接下来需要确定数学在STEM中的定位与作用。数学在中国古代叫作算术，又称算学，后来才改称为数学。数学来源于人类的早期生产活动，诸如交换。在早期以物换物时，必须计算各自货物的数量以确定交换是否合理，在没有数字之前，人类常使用具体的物体来计数，例如使用手指、小石子等，英文"计算"（calculate）一词来自拉丁文calculus，其中后者就有石头的意思。数学的基本概念在古文明的诸多文本中便有记载，在古埃及，现存的莱因特纸草书（因英国人亨利·莱因特于1858年发现而得名，现藏于大英博物馆）和莫斯科纸草书（现藏于莫斯科）上记载了不少数学问题和解法；在美索不达米亚，考古发掘的泥板文书中便有丰富的数学知识记载，大约在公元前1800年，巴比伦人就发明了六十进制的计数系统；我国商代的甲骨文中就开始有十进制的计数方法，春秋战国时期普遍运用的筹算完全建立在十进制基础上。从中我们可以看出数学是一门历史悠久的学科，古希腊的学者将数学视为哲学的起点，学问的基础。马克思曾说："一门科学，只有当它成功地运用数学时，才能达到真正完善的地步。"由此可见，数学在小到日常生活大到社会发展进程中的重要性。基于数学的基础功能及重要性，进一步构建出 STEM 教育关系框架，如图 1-3 所示。

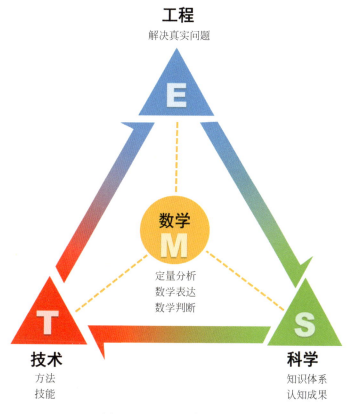

图 1-3　STEM 教育关系框架

在 STEM 教育关系框架中，科学、技术、工程三者相互作用，相互转换。作为基础的数学在关系框架中起到链接科学、技术与工程的作用，在 STEM 教学过程中，鼓励教师们应用数学来解决在科学探究与工程实践过程中遇到的问题，可以尝试使用数学建模、数值分析、数据处理等方法来开展相关任务，从而能够利用数学表达出核心任务模型，能够利用数学定量分析出模型的可靠性并为后续工作做好准备，能够利用数学工具处理实验结果并判断结论的准确性。因为加入了数学，所以在科学探究与工程实践不再仅仅以定性来研究，而是要求以定量的方式来研究与实践，而这也是 STEM 自诞生以来便强调数学重要性的缘由。

CHAPTER 2
第 2 章

如何开展
STEM 教育

2.1 如何进行 STEM 选题

2.2 如何进行 STEM 课程设计

2.3 STEM 课程实施策略

2.4 STEM 课程评价

　　教育实践表明，有效实施 STEM 教育将有助于培养学生的合作能力、沟通能力、创新能力、分析问题与解决问题能力，以及信息技术能力等未来职业发展需要的各项技能，对学习者未来的生活与工作会产生重要影响。如何有效实施 STEM 教学？实施包括哪些阶段？各阶段如何开展？本章将通过选择课题、课程设计、课程实施、课程评价等 STEM 实施过程中的不同阶段进行阐述说明。

2.1　如何进行 STEM 选题

　　教师进行 STEM 教学时，面临的第一个挑战就是如何选题。STEM 强调多学科的融合，而我国教师的培养以单学科为主，在高等教育阶段大多数以理科、工科或文科为主，很少有全学科背景，这进一步增加了选题的难度。笔者考察了国内外典型 STEM 教学的案例，从选择主题的方法、一般过程及实践等来概述 STEM 教学如何选题。

教学资源

2.1.1　主题选择的方法

　　STEM 课程强调以项目的形式来组织学习内容，了解主题选择的来源与掌握主题选择的原则，是选择合适主题的关键。

1. 主题选择的来源

　　STEM 课程涉及的主题无论与社会、工作等有关，还是与学习有关，总之一般都是倾向解决生活的实际问题，主题选择的来源可参考以下方面。

　　（1）当前社会关注的热点问题，比如气候、生态等。

　　（2）社区或学校生活中需要解决的问题，比如垃圾分类、构建未来社区等。

　　（3）学生日常生活及学习中遇到的问题，比如废纸的再利用等。

　　（4）与小学科学、物理、化学、生物等学科知识相关需要解决的问题，比如空间探测车、净水系统等。

　　（5）科技的最新发展、进步等相关的问题，比如人工智能、物联网等技术应用解决的问题。

　　以上只是列出了选题的一些来源，STEM 项目设计者也可以从其他来源选择相应主题。

2. 主题选择的原则

在选择主题时，需要把握图 2-1 所示原则。

1）多学科融合原则

STEM 教学秉承项目式教学理念，所选择的主题必须能够真正实现多学科的融合，特别是科学、技术、工程、数学等学科的融合。在整个项目实施过程中，并非每节课都要体现这些学科的融合，而是在完成整个项目的过程中，要包含综合运用多学科知识解决问题的过程。

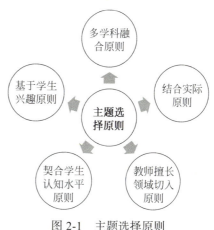

图 2-1　主题选择原则

当具体实施项目的教师对某个学科知识不是太了解时，可以考虑和其他相关学科教师合作，由其他学科教师教授项目中某个环节的内容，从而达到实现不同学科教师之间的融合。

2）结合实际原则

STEM 课程一个重要目标就是要培养学生解决真实世界问题的能力，因此其选题要结合生活实际，设计的主题要能够解决真实问题。通过学习，不仅能够激发学生完成项目的热情，甚至可以为公共决策提供参考，培养他们的社会责任感。

3）教师擅长领域切入原则

STEM 课程选题尽量在教师擅长、熟悉，最好是感兴趣的领域，特别是第一次开展 STEM 教学时，教师对主题的热爱无形中会感染学生，而且教师能更好地应对课堂中学生出现的问题。此外，教师的角色要从传统灌输式教育者向组织者、引导者、帮助者等角色转变，如果教师对于所选主题的某一方面不太擅长也没关系，在课堂中可以和学生共同学习、共同成长、共同提高。

4）契合学生认知水平原则

STEM 选题要契合所要教授学生的认知水平，如果能和学生传统课堂所学知识有机结合起来，课堂效果会更好。

5）基于学生兴趣原则

有意义的学习一定来自学习者的学习兴趣，教师在选择主题过程中，除了考虑是否是自己擅长的知识领域外，更重要的一点是必须尊重学生的想法，符合他们的兴趣要求。教师在选择 STEM 课程主题时最直接的做法是可以允许学生提出自己的想法，为他们提供多样的主题选择。

2.1.2　主题选择的一般过程

教师在选择 STEM 课程主题时，可以按照图 2-2 所示过程进行。

图 2-2　主题选择的一般过程

1. 教师自我总结评估，初步拟定若干主题

在第一次设计开发 STEM 课程时，教师首先要对自己的学科背景、生活经验、兴趣爱好、视野、特长、身边的优势资源等方面进行总结评估。推荐可以采用思维导图的形式，找出自己擅长和感兴趣的具体领域。同时教师要多观察生活，关注国内外新闻，特别是科技相关的新闻，一旦有灵感一定要记录下来。当教师有了自我评估、生活观察、科技信息、灵感启发等相关积累之后，可以进行头脑风暴，拟定若干可能的主题。

2. 考查学生认知水平，进一步优选主题

由于不同学段学生的认知水平差别较大，教学中一定要考虑所要教授的学生的实际认知水平，了解他们已经学过的学科知识范围，如果开发的 STEM 课程能与他们已经学过或是正在学习的学科内容紧密相关，学生对课程可能更感兴趣。

3. 进行可行性分析，挑选最合适的主题

通过前面两个环节，教师已经筛选出了一些备用的主题，接下来要根据学校的资源、学生是否感兴趣、课时要求等方面考察各个主题的可行性，从中挑选最合适的主题。

4. 通过教学实践，灵活调整主题

选题后，教师在进行第一次教学实践时，一定要注意观察学生的表现和兴趣点，在教学中灵活调整主题的深度和广度，在下一次 STEM 课程选题时进行适当的调整。

2.2　如何进行 STEM 课程设计

2.2.1　STEM 课程设计原则

STEM 作为一种结合了大量的学术概念与现实问题的跨学科教学理念，学生利用科学、技术、工程与数学等学科的知识解决学校、企业、社会等相关的实际问题，学

生在解决问题的过程中发展 STEM 素养，培养学生具备在新经济环境下竞争的能力。而作为践行 STEM 教育理念的课程，在设计时需要遵循一定的原则，如图 2-3 所示。

1. 课程设计的主题必须来源于真实的生活与世界

2. 课程设计的主题必须包含实际问题

3. 课程设计围绕知识结构来设计，不能脱离学科的知识体系

4. 课程设计强调跨学科进行，注重于学科知识的应用

图 2-3　STEM 课程设计原则

1. 课程设计的主题必须来源于真实的生活与世界

STEM 与现实问题相关，因此 STEM 课程设计主题一定来源于真实的生活与世界，而不是凭空想象、虚无缥缈的主题。

2. 课程设计的主题必须包含实际问题

STEM 强调学生在解决实际的问题中，实现对关键概念和原理的学习，也就是在实际的社会生活环境中来学习和应用知识。因此，在设计 STEM 课程中解决的问题一定是与学校、企业、社会等实际生活相关联。比如第 3 章"净水挑战"的案例其目的就是组织学生在探究水污染现状、调查水处理技术并研究净水装置原理及效果基础上，让学生以小组为单位通过身边的材料，利用物理、化学、生物、工程、数学等学科知识，设计制作并测试能够净水的装置，以解决对污染的水实现净化的实际问题。

3. 课程设计围绕知识结构来设计，不能脱离学科的知识体系

STEM 课程设计一方面要基于真实的生活情景，另一方面要围绕一定的知识结构进行设计，不能脱离学科的知识体系。STEM 课程设计的主题往往与物质科学、生命科学、地球和宇宙科学、技术与工程等领域有关，利用某个领域的知识解决问题，可以借鉴大概念的方式来统筹科学知识点。还是以"净水挑战"为例，此案例主要涉及的科学知识点是物质科学领域，比如沉淀、过滤、吸附等化学知识，选择相应的材料，设计方案并制作出净水装置。

4. 课程设计强调跨学科进行，注重于学科知识的应用

实际问题的解决不能依靠某一个学科的知识，现实经验告诉我们必须利用不同领域的知识与方法进行解决，STEM 课程设计强调跨学科，必须整合多个学科知识解决某一个问题，解决问题的表现形式一般是解决方案或产品模型。这样，学生在解决问题的过程中，不仅充分应用所学的知识，还能获得知识的社会性、情境性，体验真实的生活，获得社会性成长。

2.2.2　STEM 课程设计方法

如何将科学、技术、工程、数学等各学科知识，有机整合到 STEM 课程内容中，是 STEM 课程设计的关键。美国国际技术教育协会提出的 STEM 取向的课程结构（图 2-4），是以工程问题解决为主轴，再辅以科学、技术与数学的知识，发展专题导向的教学模组，以培养学生科技知识整合能力并激发学生学习工程的兴趣。

另外，美国 K-12 工程教育委员会主导撰写的《K-12 工程教育：理解地位并改进前景》一书中提到了"珠—线"模型（图 2-5）。珠子代表一个集合或包装，线绳代表课程中的核心概念和基本技能。科学、数学、技术三条线代表在工程设计中使用的学科领域。第四条线代表工程设计过程，包括了工程设计的属性，如分析、限定、建模、优化和系统。

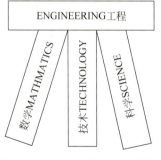

图 2-4　STEM 取向的课程结构

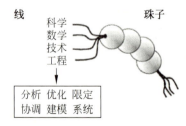

图 2-5　"珠—线"模型

无论是美国国际技术教育协会提出的 STEM 取向的课程结构还是美国 K-12 工程教育委员会撰写的《K-12 工程教育：理解地位并改进前景》一书提到的"珠—线"模型，都显示了工程在 STEM 课程设计中的重要性。关于 STEM 课程设计的方法有多种，但我们认为基于工程的 STEM 课程设计方法，是能够把各学科知识有机地整合到某个具体项

目中最有效的方法，是能够把STEM课程设计的原则落实在具体项目中的有效桥梁。

基于工程的STEM课程设计方法，是把科学课程中需要学生掌握的科学知识和方法集合在某个具体项目中，给学生提供动手操作实践的机会，通过解决核心实际问题的活动使学生经历科学探究以及工程实践过程，给学生呈现的是一个或多个任务，学生通过创造、设计、建模、发现、协作，解决真实世界的问题，执行完成后，形成一个最终产品。产品形式可以是解决方案、模型或设备等。最终以书面或口头报告等多种形式将产品展示出来。

2.2.3 STEM课程设计的一般过程

基于工程的STEM课程设计过程，一般根据工程设计流程来设计。工程设计过程就是工程师运用科学技术知识来解决实际问题，其表现形式就是设计出新的产品，如图2-6所示的是工程设计过程，需要注意过程顺序有时候不同。

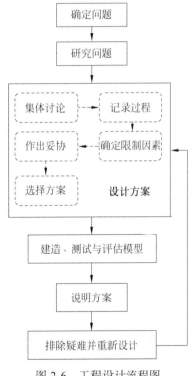

图2-6 工程设计流程图

1. 确定问题

在设计新产品之前，工程师首先要确定要满足什么需求或解决什么问题。比如你是一家汽车模型公司的设计团队成员，你们团队确定需要设计一款价格低廉、容易组装的汽车模型，这就是要解决的问题。

2. 研究问题

工程师往往先收集有助于新产品设计的信息。他们除了在书籍、报纸或互联网上寻找信息，还会和解决过类似问题的工程师进行讨论，并且常常就他们想要设计的产品进行试验。比如，为了设计汽车模型，你可以先观察类似的汽车，也可以上网作调查研究，甚至对一些材料进行测试，看看它们是否适用于制作汽车模型。

3. 设计方案

（1）集体讨论。工程师在设计新产品时，通常采取团队合作的方式。设计团队经常举行讨论会，每个成员都能提出自己的想法。在这个集思广益的过程，每个人的想法都有可能激发其他人的创造灵感。通过集体讨论，整个团队就能找到新方法来解决设计问题。

（2）记录过程。设计团队工作时，会对设计过程作详细记录。将来其他人使用相关文件资料，就能够重复整个过程。设计团队会记录其研究资料的来源、产生的想法、所用的材料等，因为设计过程中任何材料都可能成为将来有用的信息来源。

（3）确定限制因素。在集体讨论中，设计团队会提出多个备选方案。为了更好地集中精力，团队成员会考虑一些限制因素，即制约产品设计的因素，如汽车模型制作材料的特点等。资金和时间也是限制因素，如果产品材料成本很高，或生产时间很长，那么这个设计就不切合实际需要。

（4）作出妥协。设计团队通常需要权衡利弊，作出妥协，为了设计方案中的某一项优势而放弃另一项。比如，在设计汽车模型时，我们可能需要为了降低成本而决定放弃产品的坚固性。

（5）选择方案。在考虑了备选方案的限制因素并权衡利弊后，工程师会选定一种方案继续深入研究。这个方案就是设计团队认为最能满足或解决问题的方法。决定的过程也包括选择产品初次生产所使用的材料。

4. 建造、测试与评估模型

一旦设计团队选定了方案，工程师就会建造原型，即用于测试某项设计的使用模型。工程师会对原型进行评估，看它能否满足预期目标。他们必须确定原型的效果如何，是否易操作和安全耐用等。

评估还收集测量所得的数据。以汽车模型为例，在确定如何制作模型后，还需要考虑它能负载多少行李，或者它的形状对速度有何影响。

5. 说明方案

建设团队需要向产品的生产者和使用者说明他们最终的设计方案。他们可用草图、明细图、计算机模拟、文字描述等形式来说明，也可以用测试原型时收集的佐证信息，包括图表、数据表等资料，来证明最终选择的这一方案是正确的。

6. 排除疑难并重新设计

原型往往并不是完美的，因此需要测试。在完成测试后，设计团队会分析测试结果，确定有哪些疑难问题需要改进，然后设法排除，或解决设计中存在的不足。这样团队就可以重新设计模型，以使它更能满足需求。

基于工程的 STEM 课程设计，以上述工程设计过程步骤设计开发，下面以第 3 章案例"净水挑战"进行简单说明，详细内容请参阅第 3 章。

- 确定问题：引导学生探究目前水环境出现的问题，确定需要解决的问题，思考解决问题的方法。
- 研究问题：让学生自己探究出基本水质指标的意义及测定原理，探究市售电解器的使用原理及判断水质好坏的可行性；组织学生分析市场净水装置的原理，研究水污染处理技术。
- 设计解决方案：在研究相关问题的基础上，各组设计净水装置，并绘制详细设计图。
- 制作与测试模型：各组根据设计的方案，制作净水装置，并集体讨论分析水质测订指标及方法，制定水质测定方案。用自制的净水器处理统一受污染的水体，检验净水器的净水效果。
- 评价与分享：各组展示以净水装置为核心的海报，答辩展示，教师和其他同学打分评价。

2.3　STEM 课程实施策略

STEM 课程的实施可以借助于多种手段，一方面，精心设计座位排布和有效地对学生进行分组，可以大大提高 STEM 课堂效率；另一方面，可以借助学科教学，将STEM 理念融入其中，激发学生的学习兴趣，培养学生的动手能力和创新精神。

教学资源

2.3.1　STEM 课堂中的座位排布与分组策略

STEM 教学是以解决真实问题为目的的一种教学形式，而往往解决某一工程项目或科学研究课题需要多名参与者共同合作完成。所以在 STEM 教学过程中，遇到的第一件事便是如何进行有效的分组及座位排布。

1. 座位排布技巧

在常规的学科教学中，通常采用教师为主体、学生参与的模式，座位排列也相对固定，即如图 2-7 或图 2-8 所示。在教学过程中，受限于教室、学情等因素，常常采用图 2-7 所示常规两人座位排布方式，同桌在学习过程中能够起到互相帮助、相互促进的作用。也常常采用图2-8所示常规单人座位排布，每位同学单独成桌从而能够保证学生具有独立思考的时间与空间。这两种方式会使教师成为主体，学生能够更加集中注意力于课堂上。但也存在缺点，诸如教师不易深入学生内部，学生常被动输入知识，缺少相关的小组合作与探究等。

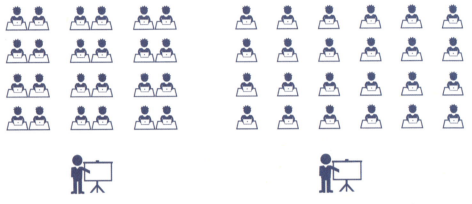

图2-7　常规两人座位排布　　　　　　　图2-8　常规单人座位排布

除了以上两种排列方式外，在教学中也常常会采用以下几种座位排布方式：直线型座位排布、小组合作型座位排布、U形座位排布、仿U形座位排布、S形座位排布等。当然除了以上几种座位排布方式外还有多种座位的排列，具体适用于某种或某几种座位排布还要依据教室规模、教学形式、教师意愿等。

接下来将讨论几种座位排布方式的特点及适合于哪些教学场景。图2-9所示为直线型座位排布，按照教室空间可以划分为一列直线型或两列直线型座位排布，这种座位排布方式占据空间小且使课堂易于开展

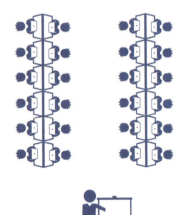

图2-9　直线型座位排布

小组合作，但由于小组间没有隔离，学生容易出现交头接耳不专注于组内活动的现象。图2-10所示为小组合作型座位排布，是一种常见的分组合作时座位排布方案，将图2-9所示的一列或者两列直线型座位排布方案进行分割，从而实现小组间的隔离，保证小组成员能够相互交流方便且集中注意力于本组活动中；但同时本排布方案会占用较大空间，教师进入学生中的难度也与空间大小成反比。

相较于以上两种座位排布方式，图2-11所示的U形座位排布也被广泛使用，常常适用于以教师为中心的课堂，教师在上课时能够面向全体同学，也方便与每位同学进行

交流互动，中间空出来的地方使学生能够拥有足够的空间，有利于学生活动的开展。但也存在一定缺陷，诸如学生的组内合作沟通难度较大，使合作交流效率降低。

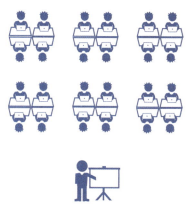

图 2-10　小组合作型座位排布

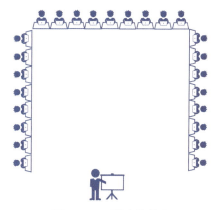

图 2-11　U 形座位排布

U 形座位排布在国外的教室常被采纳，针对其存在的缺陷，有教师设计了仿 U 形座位排布如图 2-12 所示，假定以 3 人为一组，学生间相互交流沟通难度降低，左右两侧共同组成了类似于 U 形的座位排布，既方便教师深入课堂内部，又能保证学生的合作沟通，同时空间的利用合理，适于在空间较小的教室开展活动。

除了以上几种座位排布外，还有其他多种形式座位排布方法，如图 2-13 所示的 S 形座位排布，适用于教室面积较小的情况，同时注重每个学生个体的答疑解惑。相较于图 2-7 与图 2-8 的常规座位排布方式，S 形更有利于学生左右交流、面对面交流，有利于学生合作学习。

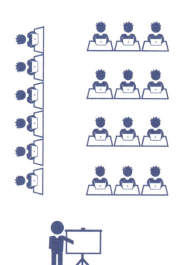

图 2-12　仿 U 形座位排布

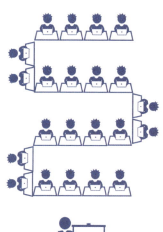

图 2-13　S 形座位排布

尽管有多种座位排布方式，但是每种方式均有各自的优缺点，所以要具体情况具体分析，结合课程内容、形式、教室大小、学情等进行安排。在 STEM 教育过程中，面临的第一个问题是分组，在分组之前首先要将教室特别是座位布置好，所以在教学中究竟选择哪种座位排布要看 STEM 课程特点。

由第 1 章分析的 STEM 教育理念的本质特征，我们知道 STEM 课程相较于传统课程形式更强调合作学习，所以在课程中常采用图 2-10 所示的小组合作型座位排布或图 2-12 所示的仿 U 形座位排布，通过座位的排布使学生能够在位置上对小组有充分的认同，从而更易于后续相关活动及课程的开展。

2. 如何有效分组

教育的根本目的是尊重学生的个性，但是由于学生在家庭背景、教育经历、能力、兴趣爱好等各个维度存在或多或少的差异，如何为学生提供一个适合其成长发展的平台是学校的责任与担当。19 世纪末在美国产生的分组教学方法为提供个性化教学目标、选择不同的教学内容和教学方法、编制不同的评价标准等提供了有益的借鉴作用。与此同时，STEM 课程的特点决定了其不但不能脱离体系完善的学科教学，还要着重培养学生解决真实问题的能力，这就需要引导学生进行合作，从而完成科学探究或者工程实践。

1）分组的方法

分组教学具体可以分为以下几种：①在不同学校间进行分组，往往按照各种测验及评价等手段使学生进入不同学校进行学习；②在同一学校内部进行分组，其中又可以分为在不同年级间进行分组、在同一年级不同班级间进行分组和在同一班级进行分组三种情况。在实施过程中，我们常常接触到的是同一年级不同班级间进行分组或者在同一班级内进行分组两种情况。

讨论完分组目标后，接下来讨论分组的方法。分组教学在国内外已经有了大量深入的研究，分组的方法大多有以下几种。

① 随机分组法：比如按照学号、座位等，或者按照随机取样分组。

② 同质分组法：按照学生的学习能力、成绩等把相似的学生安排在一组。

③ 异质分组法：每组都含有不同学习能力层次和成绩层次的学生。

④ 合作分组法：将整组的任务进行分割，然后将各个成员做出的成果进行整合；这种方法既可以计算个人成绩，又可以计算小组总分。

⑤ 帮教型分组法：与异质分组法类似，但更加强调在某些方面有些特长的学生对

其他小组成员的指导作用。

⑥ 友伴型分组法：让学生自由组合形成小组。

当然分组方法除以上几种外还有多种方法，每种方法的优势和劣势也较为明显。随机分组在一定程度上适用于学生情况基本相同的情况，诸如测试成绩均为某一分数段的学生，从而按照随机取样的方式进行分组，这样既能高效完成分组，又能有效地保持同组学生水平基本在同一基准线上。但如果不熟悉学生情况，按照随机分组的方式极容易出现组内不和等情况，产生"假分组"的现象。友伴型分组与随机分组类似，只是在一定程度上给予学生更多的自主权，让学生自己选择熟悉的同学为一组。友伴型分组也同样容易产生分组不同心的假分组现象。同质分组法是将学生情况相似的学生安排在一组，这种分组方法常常使用在学校的班级分组及管理上，在课堂教学中不建议采用此种方法，其会导致某一组或几组学生更加优秀，其他组学生自信心及参与度会大幅下降。与同质分组法相反的另一种分组方法为异质分组法，异质分组法将同学按照不同层次进行分组，起到帮带的作用。但是不管同质还是异质分组法均有贴标签的影响，也均需要充分了解学生的情况。与之相似的是帮教型分组法，但是其更强调发挥每位学生的特长，这样也需对学生情况充分了解才可以采用。总结以上内容，我们可以将随机分组理解为黑箱实验，存在各种不确定性，没有办法有效把控分组的效率；同质、异质、帮教型分组法需要充分了解学生的情况，如学习能力、思维习惯、个人特长等，适合于班级内或年级内分组，且需要有一定的测试标准及反馈。另外在分组过程中，每组 3~4 人为宜，人数过少无法完成合作项目，人数过多造成效率降低。

2）分组的流程

在课堂上可以根据学生的情况进行分组，可以按照组内异质、组间同质的原则将学生分为不同小组，每个小组按照共同的主题进行活动或探究。具体操作方法可以参考图 2-14，本次课程假设参与分组的学生均为同一年级，接着确定是否为同一班级，针对不同班级或同一班级采用不同的分组方法。

本次课程参与分组的学生来自学校两个层次的班级——平行班与创新班，其中 1~12 班为平行班，13~16 为创新班，而创新班相对成绩要优于平行班。第一步，明确本次课程均为不同班级共同上课，选用图 2-10 所示的小组合作型座位排布，由于不熟悉学生情况，于是采用按照不同班级结合随机分组的方法。第二步，统计数据。一共 22 名学生，建议 3~4 人一组，所以可以分为 6 组，其中 4 人为一组的共 4 组，

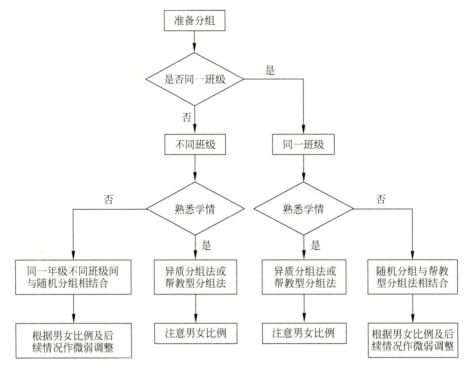

图 2-14　分组流程图

3 人为一组的共 2 组；男生 11 人，女生 11 人，男女比例 1∶1；创新班 7 人，平行班 15 人。第三步，按照不同班级结合随机分组的方法进行分组，先按照不同创新班的方式进行分组，接着进行补充，分组数据及结果如表 2-1 及表 2-2 所示，其中红色字体为女生。

表 2-1　分组数据

编　号	班　级	学　号	性　别
1	c1901	c190104	男
2	c1903	c190328	男
3	c1903	c190339	女
4	c1904	c190417	男
5	c1904	c190441	女
6	c1905	c190504	女
7	c1905	c190524	男
8	c1905	c190533	女
9	c1907	c190713	女
10	c1909	c190933	女

续表

编 号	班 级	学 号	性 别
11	c1910	c191003	男
12	c1910	c191021	女
13	c1911	c191106	男
14	c1911	c191110	女
15	c1912	c191217	女
16	c1913	c191304	男
17	c1913	c191317	男
18	c1914	c191435	男
19	c1915	c191532	女
20	c1916	c191607	女
21	c1916	c191613	男
22	c1916	c191614	男

表 2-2　分组结果

A	B	C	D	E	F
c190104	c190328	c190339	c190417	c190933	c191003
c190504	c190524	c190441	c190533	c191532	c191110
c191106	c191217	c190713	c191021	c191613	c191614
c191607	c191435	c191317	c191304		

从分组结果来看基本保证了每一组没有同一班级的同学，这样可以保证学生能够打破人际障碍从而进入小组活动，每一组均至少有一名女生，这样有利于活跃团队氛围。其中B组与C组作为对照组，每组3名男生或女生，用于观察男女比例不同对于分组效果的影响。当然除此之外还有多种方式可以保证分组的有效性及高效性，可以不断尝试。

3. STEM教育过程中分组实践

完成分组后，通过开设组内活动可以调动组内成员的参与度，另一方面可以检测分组的有效性。常常可以采用小组介绍、项目头脑风暴等活动，抑或诸如小组成绩分享法、小组游戏竞赛法、拼版式活动、共学式、小组调查法、合作辩论等，除此之外还有角色扮演法等。小组介绍主要包括以下几个部分：小组成员轮流进行自我介绍相互熟悉、给小组起特色组名、绘制小组组徽、起草小组规章或口号、明确成员分工等。项目头脑风暴主要是提出一个小的挑战项目或者大项目，由组员直接利用头脑风暴等方法进行项目设计汇报。在本课程实施中，由于学生来自不同班级，需要一段适应时间，所以选择了小组介绍的活动。

首先介绍相关的活动安排：①介绍角色定位；②学生互相自我介绍；③起组名；④绘制组徽；⑤起草口号；⑥明确成员分工。在完成相关的活动后，由每个小组给同学们进行汇报，在座位上的每位同学对汇报小组进行评分，按照海报、演讲内容、汇报表现力等几个维度进行评分。最后结合教师与同学们的分数进行总结，其中教师要进行适时点评。

图 2-15 至图 2-17 所示是各小组完成的任务。从海报中可以看到所有同学基本都完成了相关任务，包含组名、组徽、口号等，只有 F 组在整体海报表现上不尽人意。其实每组之间均存在不同，例如 A 组和 D 组均为两名男生、两名女生组成，在合作过程中，通过过程性记录发现整体学生合作沟通良好，分工明确。但在 B 组和 C 组过程性记录中发现，在海报制作过程中，女生的参与度要高于男生参与度，汇报过程中，除 C 组由男生单独汇报外，其余几组所有组员均参与汇报，最终按照学生评定的

图 2-15　A 组学生作品（左）和 B 组学生作品（右）

图 2-16　C 组学生作品（左）和 D 组学生作品（右）

分数进行排名，依次为 A、D、B、C、E、F。这个排名与我们的理论方法不谋而合，即男女比例相同的小组排名要高于男女比例不同的小组，4 人一组的分组排名要高于 3 人一组的排名，所以在分组过程中最好选择组内异质、组间同质的方法，同时建议结合诸如男女比例等情况进行优化分组。

图 2-17 E 组学生作品（左）和 F 组学生作品（右）

在整体汇报中，发现 E 组和 F 组由于男女比例等原因造成汇报效果差强人意，在下课后与学生的交流过程中发现男生女生合作不顺利，学生参与度不高。在争得组员同意后，对部分组员进行了微调，将女生集中为 E 组，男生集中为 F 组，调整后的分组结果如表 2-3 所示。

表 2-3 调整后的分组结果

A	B	C	D	E	F
c190104	c190328	c190339	c190417	c190933	c191003
c190504	c190524	c190441	c190533	c191532	c191613
c191106	c191217	c190713	c191021	c191110	c191614
c191607	c191435	c191317	c191304		

通过类似的活动或者项目，可以看到分组是否有效，万事开头难，特别是新班级新同学，如何进行更为高效的分组还需要不断地进行总结和尝试。

2.3.2 STEM 教育理念在学科教学中的应用

在学科教学过程中，如何融入 STEM 思想，使课堂更为有趣、有效？在此以初中化学为例，探讨 STEM 教育理念如何在学科教学中进行应用。

初中化学知识面广、知识点繁多，很多知识点需要学生深入理解记忆，导致很多学生误认为初中化学是一门需要大量记忆的学科。但是初中化学新课标要求学生掌握基本的科学探究思维，能够提出问题，并设计方案解决问题。而这些能力通过机械记忆提升的效率较低。杜威的"从做中学"理论，恰能弥补传统满堂灌式教学方法对学生动手能力及科研思维能力培养的欠缺。STEM教育很好地利用了杜威"从做中学"的理论和工程学的思想，为了让学生真正体会到化学学科的科研思维，感受学习化学的乐趣，为我国培养创新型人才，笔者尝试将STEM项目式教学的理念融入初中化学教学中。在此针对真实的美国STEM课程案例，探讨了将STEM教育融入初中化学教学中的可行性。同时，笔者基于STEM教育理念，对初中化学中关于"氧气"和"水的净化"相关知识进行了设计，并在课堂上进行了实践，以验证STEM教育理念应用于初中化学教育中的可行性。

1. STEM教育理念应用于初中化学教学可行性

近年来，初中化学教学越来越重视学科知识与生活实际的联系，加强对学生创新思维能力和动手能力的培养。但整体上一言堂的教育模式并未改变，学生获取知识的主要途径是上课听讲，加强记忆知识点，以保障考试成绩。这种纯应试的教育模式已经不适应当今时代的发展，目前乃至未来，科技创新能力决定着一个国家的前途和世界地位。我们在初中化学教学中，在向学生传授新知识的同时，更要着重培养学生的创新能力、解决问题能力、团队合作能力等，从而为我国培养优秀的创新型人才。自20世纪80年代起，美国大力实施STEM教育，目前美国在国民素质、就业、国家经济实力、创新等方面已有显著提升，STEM教育可谓是美国国家竞争力的助推者。STEM教育能否应用于初中化学教学中呢？下面笔者从学习内容、教学形式、学习效果三个角度来分析其可行性。

（1）学习内容方面，以人教版九年级上册化学课本为例，第一单元"走进化学世界"的内容中涉及很多生活实例。比如，对蜡烛及其燃烧的探究，以及收集呼出气体的实验。这些实验提醒同学们要多观察生活中与化学相关的实例，思考其本质原因，并能提出问题，设计实验方案解决问题。这些实验均能利用家庭中简便易获取的材料完成，可以提高学生的动手能力和工程设计能力。同样地，第二单元中关于空气中氧气含量的探究实验以及不同物质在空气和氧气中燃烧现象的实验，第四单元中水的净化，第六单元中二氧化碳的制取，第七单元中对燃烧现象的探究等均可采用项目式学习的方式，引导学生自主探究完成。这些内容中的化学知识可以作为STEM教学中的科学环节，学生自主设计实验可以作为 STEM 教学中的技术环节，而学生自己动手制作实验装置或做实验可以作为 STEM 教学中的工程环节。同时这些知识还涉及很多数学问题，比如空气中氧气含量测定，水的净化中水力停留时间、流速等的设计和计算。

（2）教学形式方面，在此介绍一下美国 STEM 课程的基本教学形式。2018 年 7—10 月，笔者参与了 3 个完整的美国 STEM 短期课程，授课教师主要为美国科技创新高中类学校的教师以及大学教授，课程涉及的对象主要是初中生和高中生。这些 STEM 课程常用的教学方法是：教师先通过提问或讲解，带领学生进入相关课题的一个大背景中，然后就其中的几个小问题进行深入探究，这里的深入探究，不是教师将涉及的所有知识点全面细致地讲解，而是先激发学生对这个问题进行深度思考，引导学生了解这个问题的本质，点出这个问题的关键，之后再通过实验或小的探究项目来让学生加深理解，真正掌握这个问题相关的知识，并了解科研的思路（如何设计项目实施方案、如何完成项目等）。之后，教师再引导学生以这几个问题所涉及的知识为出发点，让他们分组，每组均自主设计一个相关的项目，给他们较短的时间（1～3 天）独立完成项目，最后再给学生半天的时间分组展示并汇报他们的项目成果，教师再对他们的展示以及项目进行过程中的表现进行点评。笔者在这些课堂中发现教师上课方式有以下共同点。

① 鼓励学生多和周围的同学讨论，多提出自己的想法，不鼓励学生总是询问教师的看法，寻求权威的解答。这些教师认为，人是社会性动物，在大多数情况下，要与身边的人合作完成一个项目或解决一个问题，因此在学习过程中一定要注重对学生团队合作能力的培养，多鼓励学生向身边的人学习，特别要注重引导学生和自己不熟悉的同学合作。

② 教师在课堂上讲授的内容非常少，但是学生却能获得更好的学习效果。教师把绝大多数时间都留给学生自主学习，学生在项目中体会到所学知识的用途、自己的兴趣点，以及为了完成项目需要自己探索的知识，这对激发他们的学习兴趣至关重要。

③ 这些课程几乎没有传统的作业。这些教师认为，如果充分激发了学生的学习兴趣，给他们时间，让他们自主设计自己的项目，并为自己的项目负责，学生会非常投入，这时候学生学到的知识就不再是通过课堂强化记忆获得，而是自己探究获得。

④ 科学、技术、工程和数学的巧妙结合，让学生能充分发挥各自的优势，综合运用自己所学知识探索解决问题的方案，并不断改进。学生在探索的过程中，不断优化改进，逐步体会科研的思维。

在这些课程中，笔者见证了 STEM 教育的力量，感受到了学生对项目式学习模式的欢迎，学生们的出色表现震撼了笔者。对比目前传统的化学课堂模式，教师在课堂上讲授了绝大多数的知识点，留给学生思考和自主探究的自由时间少之又少。STEM 式的教学方式值得我们尝试，尽可能多地在课堂上让学生发挥主观能动性，积极探索知识，而不是机械地记忆我们灌输给他们的知识。

（3）学习效果方面，利用 STEM 教学法的美国及一些发达国家在科技上的兴起有目共睹。我国很多学者和教师对 STEM 教育在中学化学中的应用进行了可行性分析及实践探究。实践证明，"如何选用材料""物质的量在化学实验中的应用""保护水资源""柠檬精油的提取工艺""人工固氮技术——合成氨""检测 Co^{2+} 浓度""原电池"和"水的净化"等化学内容能很好地与 STEM 教育理念相结合，STEM 提高了学生对这些知识的探索兴趣以及学以致用的能力。

综上，STEM 教育理念可以很好地应用于初中化学教学。结合初中化学现有知识体系以及 STEM 教育的理念，笔者在初中化学课堂上设计并实践了"蜡烛喝水"和"小小水卫士"两例 STEM 式化学课程。

2. STEM 式化学课程——蜡烛喝水

初中化学新课标要求学生知道空气的主要成分，并了解测定其中氧气的体积分数的方法。同时希望学生在探究活动中，勤于思考、敢于质疑、严谨求实、勇于创新。针对这些要求，以及人教版九年级化学第二单元课题 1 "空气"的教学要求，设计了"蜡烛喝水"项目式课程。在课程开始，笔者用一些图片和实例引发同学思考空气对我们日常生活及工农业生产的重要性，给他们充分时间讨论和思考，请同学总结空气中不同种类气体相应的作用。引导学生思考空气中气体成分如何区分，如何测定空气中氧气的含量？待学生充分讨论并自学课本中相关实验后，给学生布置项目任务：利用身边简便易获取的材料，如蜡烛、水杯、盘子等测定空气中氧气含量，测定原理可以参考蜡烛喝水实验（趣味化学实验之一——通过蜡烛燃烧消耗倒扣在蜡烛上的水杯中的氧气，使水杯中气体的压强小于外界大气压，最终盘子中水被压入水杯中，就像蜡烛自动喝水一样，因此取名为蜡烛喝水）。

学生分别设计了各自的实验方案，并利用身边的材料完成了实验。最终大部分学生都能通过实验现象探究出"蜡烛燃烧为什么不能准确测定空气中氧气含量？"并思考如何改进实验使其能够测定，在科学探究的过程中，学生能够掌握诸如"空气是混合物""氧气可以支持燃烧""氮气不支持燃烧，且氮气难溶于水"等知识点。有的学生在实验中发现：原理上蜡烛由于燃烧能生成气体，因此不能用来测定空气中氧气的准确含量，但通过他自己动手做实验测出的氧气体积占空气体积的21%，与课本中所讲的比例一致。这个实验现象激发学生进一步探究不同变量对实验结果的影响。最后，在学生的探索下，发现蜡烛的大小、玻璃杯的体积、盘子的深浅和点燃蜡烛的时间等均会影响实验结果。学生的反馈表明，他们在自己动手做实验的过程中，更加深入思考并理解了氧气相关知识，同时体会到了科研的乐趣。学生汇报实验结果时的自信和对知识透彻的理解深深地震撼了笔者。

3. STEM 式化学课程二——小小水卫士

初中化学新课标要求学生能树立珍惜资源、爱护环境的观念。在人教版九年级化学第四单元课题 2 "水的净化" 一节中，笔者结合 STEM 的教育理念，设计了 "小小水卫士" 项目式课程。在课程开始时，笔者指导学生讨论并总结了水资源及水污染的相关知识。给学生布置了任务，让他们利用身边简便易获取的材料设计一个净水器，要求画出其详细设计图，并标出设计原理。学生设计的热情很高，有很多奇思妙想。比如，有的同学设计了一个可以利用太阳能自加热，并利用活性炭和纳滤膜净化水的净水水杯。有的同学利用蒸发原理，设计了利用透镜聚焦太阳能加热污水，收集蒸发出的水，再结合活性炭等净水材料净化水的装置。还有的同学设计了一个家庭循环用水净水装置。为了了解水中主要污染物及其特性，学生自发地查阅了国内外的水质标准。为了学习不同种类污染物对应的高效处理方式，很多同学自发收集了市面上已有净水器的设计原理，还自学了自来水厂的净水工艺。学生在查阅资料的同时，还发现了很多问题，甚至设计了很多方案去解决那些问题。学生反馈设计净水器的过程加深了他们对水环境资源的认识，了解了水处理的流程，掌握了重要的净水技术，增强了保护环境的意识。

通过以上两次尝试，笔者看到了学生在实验设计和创新方面的潜力，而在常规的应试教育体制下的化学教学却很难有机会锻炼学生的科研能力。将 STEM 教育理念融于初中化学教学，非但不会降低学生的学习成绩，反而让学生更扎实地掌握知识，同时收获了科研的思维和科学探究的乐趣。此外，STEM 式的教学模式，让学生能够学以致用，激发了学生探索未知世界的信心，使他们真正成为学习的主体，不再是一味地接受教师传授的知识，而是学会了自主探索知识，极大地提高了他们的自学能力。新时代给一线教师提出了新要求，为了培养出优秀的接班人，我们在教学过程中，绝不能因循守旧，死盯着教科书，按部就班地完成教学任务。我们要主动地不断思考：

我们想培养出什么样的人才，我们应该怎么教学才能最大化激发学生的潜力，我们怎么教学才能让我国的创新能力越来越强？基于想为孩子创造更好的教育的初心，在教学中勇于尝试、不断改变，我们才有可能真正实现育人的使命。因此，将 STEM 教育理念应用于初中化学教育中值得我们尝试。

2.4　STEM 课程评价

教育评价是对教育活动满足社会与个体需要的程度作出判断的活动，是对教育活动现实的或潜在的价值作出判断，以期达到教育价值增值的过程。其有两个特点：一是具有目标性，也就是它是一项目的明确的研究活动；二是价值性，也就是评价是用来评判教育效果、评估教学过程的。

STEM 教育作为一种跨学科教育理念与方式，其主要目的还是通过学生利用多个学科知识解决实际问题，在此过程中培养学生科学、技术、工程、数学等 STEM 素养，最终培养学生具备在新经济环境下竞争所具备的沟通能力、协作能力、分析问题与解决问题能力，以及创新能力等。

从目前我国对 STEM 教育撰写的论文分析看，研究主要集中在 STEM 教育特点、STEM 教育实施方式，以及 STEM 教育的比较等，关于 STEM 教育评价研究很少。而在相关的评价研究中，评价对象多以学生为主，评价形式主要是课堂观察，且只是泛泛地从 STEM 教育评价的内涵、特性、重要性等角度描述其对 STEM 教育的作用，并没有给出确定的、统一的评价标准及工具。

STEM 起源于美国，因此美国制定的 STEM 相关政策，对其他国家开展 STEM 教育具有重要影响。2019 年 1 月美国颁布的《STEM 2026：STEM 教育创新愿景》中，提到了 6 大愿景：①实践社区，强调网络化与参与度高；②学生活动，强调加入特别设计的游戏与风险类活动；③教育经验，强调用跨科学的方法解决"大挑战"问题；④学习空间，强调创新技术支持与灵活且包容；⑤学习测量，强调创新性与可操作性；⑥社会文化环境，强调多元化与多机遇。其中，"学习测量"就是指 STEM 教育评价，指出未来的学习测量将具有可操作性。应采用不会过多占用课堂时间的形成性评价，能够为教育者带来学习者的真实学习数据，像安排学习观察者、根据学生作业集评分、学生展示等都是较好的操作性强的形成性评价方式。

对于 STEM 教育评价，我们强调应该注重以下几方面相结合。

1. 强调综合评价

综合评价主要指总结性评价、形成性评价等多种评价方式相结合的评价方式。

总结性评价是指对评价对象一定时期内的全面状况所进行的价值判断，也称终结性评价。总结性评价旨在对教育活动作出总结性的结论，甄别优劣，为各级决策人员提供参考依据；形成性评价是指对正在进行的教育活动作出的价值判断，也称过程性评价，其特点是通过及时揭示问题、及时反馈以促进工作的改进。形成性评价一般强调多元评价方式相结合。

在 STEM 教育中，总结性评价一般是在一个项目结束时，通过设计试卷，让学生在规定时间内完成考试进行测评。试卷涉及的内容可以以学科知识内容为主，也可同时兼顾对能力的测评。形成性评价贯穿于项目始终，结合多种评价方式，主要以对学生能力的测评为主。常用的 STEM 评价方式如表 2-4 所示。

表 2-4　常用的 STEM 评价方式

评 估 方 式	评 估 主 体	形成性 / 总结性	传统式评估 / 表现型评估
纸笔测验封闭式题型	教师	总结性	传统式
纸笔测验建构式题型	教师	总结性	传统式
学生手稿笔记	教师	形成性	表现型
图示呈现	教师	形成性	表现型
课堂观察	教师	形成性	表现型
作品集	教师	总结性	表现型
访谈面试	教师	总结性	表现型
任务成果展示	师生	总结性	表现型
学生自我报告	学生	形成性	表现型
组内互评	学生	形成性	表现型
反思日志	学生	形成性	表现型

2. 强调多元主体评价

在传统课堂中，对学生的评价主要是教师，一般以考试成绩为主，对学生的学习过程、能力提升、情感态度等因素的评价有其局限性。在 STEM 教育中，我们强调多元主体共同参与，将教师评价、学生自评、学生互评等有机整合起来，让学生成为评价的主人。

3. 关注真实场景表现

STEM 教育评价，除了要关注评价学生的学科知识，还应关注怎么评估学生在真实或模拟场景下应用知识解决的实际问题。一般情况下是要评价学生所做的产品模型。

下面以项目课程"鸟瞰地球"为案例，介绍一套整体的评价方案。整体评价方案如图 2-18 所示，具体说明如下。

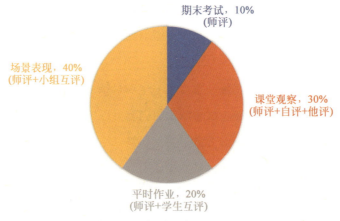

图 2-18　"鸟瞰地球"评价方案

（1）期末考试：通过考试的方式，评价学生对项目知识与技能的掌握。此部分评价占总分的 10%，评价主体是教师。

（2）课堂观察：对学生参与小组及班级活动表现进行评价。此部分评价占总分的 30%，评价主要包括教师评价、学生自评与学生互评。评价量表如表 2-5 所示。

表 2-5　课堂表现评价量表

一级指标	分数	二级指标
沟通	20	• 能够积极与团队成员进行沟通交流，从大量信息中确定和选取不同的信息 • 有效沟通，认同和尊重他人的感受和想法
分析与解决问题	30	• 能够提出分析与解决问题的方法 • 展示对问题的综合理解和深度思考 • 提出解决方案并评估方案的可行性、风险和潜在的危险 • 工作具有比较完备的系统性和阶段性
设计 / 创造性	30	• 保持好奇心，针对问题发表见解 • 善于头脑风暴，以激发灵感 • 具有创新意识，能够提出新颖的点子
协作	20	• 合理分工，展开合作 • 建立信任，乐于分享，达成共识 • 协同合作，勇于承担工作责任，提高效率

（3）场景表现：对各小组肺活量计的设计方案、模型、讲解等多方面进行评价。此部分评价占总分的 40%，评价主要包括教师评价与小组互评。评价量表如表 2-6 所示。

表 2-6　"鸟瞰地球"展示评价量表

一级指标	分数	二级指标
方案设计	20	设计理念先进，方案设计清晰，材料标准清楚，其他人能够根据方案完成制作
过程分工	10	小组各成员分工明确，在参加活动过程各成员积极参与，在生产过程中体现设计、制作与修改等反复过程，比如遇到什么困难，如何解决等，体现工程思维方式
功能特点	50	功能特点明显，方法独特、新颖，操作方便，能够顺利并准确测量出测试者的肺活量
外观形象	10	设计并制作的模型外形独特，美观大方，艺术感强
演讲答辩	10	演讲神态自然，讲述富有感染力，答辩时思维敏捷，观点合理，有理有据

（4）平时作业：对"如何让气球升到一定高度？"实验记录，降落伞设计方案等作业内容进行评价。此部分评价占总分的 20%，评价主要包括教师评价、小组互评与学生互评。

03

适合学校的
STEM 教学课例

3.1 如何围绕学科核心内容开展 STEM 课程——以
    "水果中的营养"为例

3.2 在技术与工程世界践行 STEM 课程——以"纸
    上钢琴"为例

3.3 面向社会关注热点的 STEM 课程——以"净
    水挑战"为例

本章将筛选适合在学校开展的 STEM 教学课例，详细展示如何选题、如何设计以及实践反思并分享了相关课例。面向学校开展 STEM 课程需要考虑多方面因素：教师背景（所指除了所教科目之外还包括研究背景、兴趣、能力等）、教学空间（可移动的桌椅，是否需要水源，展板、投影、实验工具等）、学情（学生年龄段、认知情况、知识储备、团队活动经验、动手实践能力、兴趣点、预期效果等）、实施过程（难度等级、安全性、科学探究与工程实践的相关方法、互动性等）、评价（课程评价、教学评价、学生评价等）。在接下来的内容中，建议读者从第一人称的角度来思考，如果我来设计实施这门课程，该如何处理、优化、提升。

3.1　如何围绕学科核心内容开展 STEM 课程——以"水果中的营养"为例

3.1.1　课例说明

1. 如何选题

作为 STEM 课程，选题的基本原则如第 2 章所述，应该是通过合适的引导，在课程中激发学生自主学习并运用科学、技术、工程及数学知识。同时，考虑到本门课程主要面向初中低年级学生，因此更应该考虑选题从生活实际出发，并最终落脚在生活中。最后，结合任课教师的理科专业背景，选择了"水果中的营养"作为切入点。

教学资源

通过课程实践验证，这个主题是合适的。首先，初中的学生正处在身体发育的关键时期，营养均衡且适量的饮食是其健康成长的保证；而现在的学生每天要接触很多高油、高盐、高脂、高糖的精加工食品，这些食物不利于他们当前的成长并且对成年后的整体代谢也会有长期的不利影响。因此，通过参与这门课，让学生能够从理性的角度重新认识食物并建立正确的膳食习惯，这是非常重要的。其次，该课程的任课教师在本科及博士阶段分别学习了生命科学及化学专业，对于营养学相关内容有比较深入的了解，能够充分地调动学生并解决他们遇到的问题。最后，这个主题符合该阶段学生的认知特点，能够激发学生的兴趣，从而真正地投入课堂中而不是机械地完成任务。具体内容参见下文。

2. 如何设计

在开始设计这门课程时，首先思考下列问题。

1）这门课程的教育目标是什么？

引导学生在调研及实践中自主学习食物中营养的相关知识，建立起均衡膳食的正确理念并能够在今后的学习和生活中运用所学的方法解决遇到的其他实际问题。

2）课程涉及的核心知识有哪些？

本门课程涉及的核心知识主要来自以下学科：化学、生物、数学、营养学及工业设计。具体来说，主要知识点包含并不限于：食物中营养的分类、主要营养物质的定性鉴定方法、特定物质的定量分析方法、数据处理及图表绘制、实验误差的来源分析及处理方法、产品设计的基本流程等。

3）开设这门课程硬件需求的可行性（学校资源）如何？

本门课程主要利用学生生活中的物品即可完成，如水果、碘液、淀粉、水、电水壶、榨汁机等。仅需教师准备少量用具，如烧杯、玻璃棒、试管、一次性胶头滴管等。这些均可由学校实验室提供。

4）期望学生达到什么水平？

通过课程学习，希望学生能够在合作中学习、讨论，共同完成任务并能够清晰准确地展示自己的观点及方案；能够在反思中不断提高，掌握初步的工程设计思维方法。

5）如何激发学生对项目的兴趣？

本门课程的设计贴近学生日常生活，比较容易调动学生的学习积极性。通过组织学生讨论"每天吃什么？爱吃什么？不爱吃什么？""吃的东西在身体里起到什么样的作用？""如何能够准确知道一种食物中的营养物质含量？""每天如何搭配食物才能保证我们的健康？"等问题，既能够激发学生的参与兴趣，又能够引发学生的思考，从理性的角度看待食物。

6）如何引导学生主动调查、分享自己的看法？

在引导学生主动调查前，可以通过分组提高学生的参与度。在课程第一节课即组织学生分为4~5人的无领导小组，完成第一个小任务：为自己的组命名、设计Logo并制作海报进行展示。通过这样简单的任务能够增加每个学生的参与度，同时适当地在组与组之间引入竞争，有利于激发学生在后续课程中的主动性。

7）如何评价学生？

在STEM课程中不宜通过纸笔测试的形式对学生进行评价，因此在本门课程中设计了多维度的评价方法，更加准确地评价学生在学习过程中的表现及进步。具体来说，每节课均有学生小组展示环节，共占总评分的 50%；实验的过程及结果占 20%；每个学生在课堂中的参与及表现占 20%；课堂上的随堂提问占 10%。

3. 实践反思

在设计并实际实施课程的过程中，会遇到一系列问题。而这些问题是否能够顺利解决，将很大程度上影响学生在课程中的体验与收获。例如：

（1）如何能够迅速地了解学生并进行有效的分组？

（2）在学生数学基础普遍比较薄弱的情况下如何引入定量分析的方法？

（3）初中生非常具有创新性思维，如何能够加以引导，更高效地推进课程？

（4）各组间难免出现水平参差不齐的情况，如何在每节课上进行适度的指导使各组项目能够顺利进行下去？

（5）工程设计是一个复杂的过程，如何化繁为简，让学生通过简单的任务体会到要点？

一门成功的 STEM 课程需要教师综合考虑科学、技术、工程及数学四个领域的知识并进行整合，但是实际设计并进行课程实施的教师通常只擅长其中 1～2 个领域。而本门课程任课教师对工程方面的知识了解很少，因此在课程进展到后期时遇到了很大的困难。为此，一方面查阅书籍及网络资料开阔视野，另一方面与同事进行讨论、交流经验和反复磨课。除此之外，还对有丰富工业产品设计经验的专家进行采访，听取他们对中学生应该掌握的工业设计知识的宝贵建议。这些措施有效地保证了课程的顺利实施。

针对问题（1），在开课时首先通过轻松幽默的自我介绍来拉近与学生的距离，然后鼓励学生以此为例进行简要的自我介绍，包括：姓名、性格、爱好和特长等。在学生进行介绍的过程中，通过观察对学生进行初步了解，同时参考学生间互相的熟悉程度，引导学生进行异质性分组。

针对问题（2），首先引导学生对问题进行定性思考，如"哪个多？""多多少？"在得到反馈后再进入"吃多少桃子能够得到和一个小橘子一样含量的维生素 C？""在比较多种水果时，我们应该怎么描述？"等定量问题。最后再让学生自行查阅资料并通过讨论得出初步方案。

针对问题（3），针对这个问题，向常年进行初中教学的同事请教。①在学生讨论过程中，要明确主题，任务的描述要清晰易懂；②在讨论开始时先不对错误观点进行纠正而是鼓励学生在小组内自行纠错；③适时地、有针对性地引导小组同学深入思考，并不断对方案进行完善；④要严格控制时间，一个制作完整的能拿到80分的展示比只进行了80%的准备而无法完成的"完美计划"更加重要。

针对问题（4），任课教师会在课前与各组进行简单交流，了解各组课后任务完成的情况，及时发现问题。在课程进行过程中密切关注准备较差的组，给予更多的指导。在每次课的总结环节，要进行适当的鼓励并让学生将每组的课后任务进行明确分工后再离开。在实践中采用这种方法结合适当的课程难度可以使所有组都顺利完成项目。

针对问题（5），通过专家访谈，任课教师将工程设计的过程简化为：主要技术路线的验证—原型机的实现—技术迭代—产品外观设计—产品宣传几个模块，在课程中分步进行实现，并通过最后一次课的总结使学生能够有更深入的理解。

在课程的进展过程中，通过不断地遇到问题并解决问题，任课教师对于STEM理念的理解也在不断深入。因此，在保持同样的主题及流程不变的前提下，每一轮的教学设计都会有不小的调整。最终呈现的课堂也并不完美，下面会介绍这门课程的具体设计，供大家讨论。

3.1.2　课例分享

1. 课程概述

改革开放40年来，中国人民的生活水平得到了极大的提高。从米面粮油限量凭票供应到现在的光盘行动，可以看出餐桌上的食物无论种类还是数量都有很大的提高。与此同时，大部分人的饮食观念还没有与时俱进的转变，因此高盐、高油、高脂、高糖食物仍被认为是"有营养"的选择而频频出现在餐桌上。在这种情况下，我国糖尿病发病率快速上升，目前中国有超过1亿糖尿病患者，而在成年人中有半数都已经出现空腹血糖受损或者糖耐量受损的糖尿病前期症状。

在这种情况下，从青少年时期就对食物中的营养有正确的认识并能够建立合理的饮食习惯，对于从根本上扭转代谢类疾病发病率激增的状况是十分必要的。本课程结合STEM理念，使学生了解并动手测定食物中的营养物质含量，并在这个过程中了解科学探究的基本过程及工程设计的理念。通过课程的学习，学生能够丰富知识、学会团队合作并为以后的学习打下基础。

本课程从课时设计上分为五个阶段。第一个阶段中，学生完成分组、起名及Logo设计的过程，通过讨论初步认识水果中的营养物质并讨论如何能够在生活中更均衡地摄入营养。第二个阶段中，学生调研并讨论维生素C的测定方案，并通过进一步讨论进行优化和分工。第三个阶段中，学生分组按照各自的方案，动手进行维生素C含量的半定量测定、记录数据并进行数据分析及展示。第四个阶段中，通过学习，学生进行可视化处理，在此基础上提出进一步优化的可能；此外，学生还要调研其他营养物质含量测试的方法并讨论产品初步设计方案。第五个阶段中，学生设计一款家用的营养物质含量测试仪器并通过小组展示、讨论等环节互相交流，最后评选出最佳设计奖、最佳实用奖等。最后同学们总结学习这门课程的感受和体会。

课程优势：本课程问题来源于生活，实验材料简单易得，可操作性极强。

面向对象：初一或初二学生。

学生人数：16～25人（4～5人一组，4～5组为宜）。

课程时间：课程跨度5周，每周一次课，每次课程90min。

教学材料：需要为每组提供水彩笔1盒、彩色便利贴1叠、黑板磁力贴4个、马克笔黑色和蓝色各1支、直尺1把、A3白纸若干（约10张）、试管架1个、试管刷1个、200mL烧杯3个、试管6个、一次性胶头滴管6个；教师需要准备加热装置1套、小烧杯4个、厨房用纸1卷，同时需要淀粉20g、碘液20mL备用。

2. 课程框架

本门课程主要分为三个部分：营养物质的认识及检测（第1～2次课）、水果中维生素C含量测定及数据分析（第3～4次课）、食物营养物质测试仪设计及展示（第4～5次课）。课程框架见图3-1。

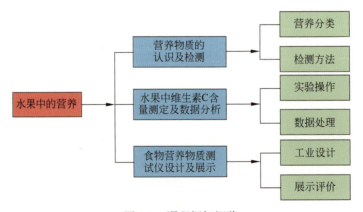

图3-1　课程框架概览

以下将对每次课程的课程名称、教学目标、课程简介、设计意图、核心概念及思维扩展进行简要介绍。具体内容请参考表3-1。

表 3-1　"水果中的营养"课程表

课次	课程名称	教学目标	课程简介	设计意图	核心概念	思维扩展
第1次课	水果中营养初探	以水果为例，引导学生了解食物中营养物质的主要分类及作用	自我介绍后进行分组；分组起名、设计Logo并展示；分组调研水果中营养及作用并展示	调动学生的学习兴趣，增强组内凝聚力，并引出课程主题引发学生思考	营养物质主要分类及在身体中的作用；均衡膳食的重要性	思考如何才能测定某一种营养物质的含量从而更好地均衡饮食
第2次课	维生素C测定方案设计	以维生素C为例，组织学生调研并设计测定方案	引导学生调研实验方案测定水果中维生素C的含量；通过流程图方式对方案进行展示；互相讨论并进一步修改方案	在过程中了解科学研究的基本思路：提出问题→调研→设计方案→优化方案→确定方案	颜色反应；间接测定；滴定；控制变量；重复实验	思考并调研水果中的其他营养物质含量该如何检测
第3次课	水果中维生素C含量测定	分组利用身边的物品测定3种水果维生素C的含量并能够比较得出结论	教师进行实验操作演示；分组进行实验并记录；计算得出结论并进行展示	在动手实践的过程中体会科学研究的过程：实验方案实施→分析数据→得出结论	平行实验；控制变量；数据处理；平均值；柱状图；表格绘制	思考实验中可以改进的地方以及得到的数据和结论是否可靠
第4次课	方案优化及原型机设计	对实验进行反思并优化方案；初步设计食物营养测试仪	分组进行反思并分享；学习方差的知识并进行数据可视化；讨论并优化实验方案；初步设计营养物质测试仪器	在动手实践的过程中体会科学研究的过程：反思总结→优化方案；初步体验工业设计过程	方差；平行性；系统误差；随机误差；可信度	思考一个成功的家用小仪器应该满足哪些条件
第5次课	营养物质测试仪设计并展示	引导学生思考成功的工业产品需要具备的特点并强化平衡膳食的理念	分组进一步进行仪器设计；展示并讨论；评价并对课程进行总结	体会工业产品设计的核心：安全性、稳定性及人性化	概念验证；原型机；最小容量产品	思考如何将均衡膳食的理念应用到日常生活中

3. 课程设计概述

1）第1次课课程设计

概述：本次课程主要内容为自我介绍、学生分组、起名及设计Logo，通过讨论初步认识水果中的营养物质并讨论如何能够在生活中更均衡地摄入营养。

材料：按照每组4～5人（注意后续课程维持分组不变），需要为每组提供水彩笔1盒、黑板磁力贴4个、马克笔黑色和蓝色各1支、A3白纸2张。

课题引入（5min）：利用多媒体播放世界各地水果的照片，问大家平时在生活中最爱吃的水果是什么？家里父母长辈平时是怎么劝说你们吃水果的？我们为什么要吃水果？这些问题能够调动学生积极性并迅速破冰展开讨论。

课堂现场：第 1 次课程内容如表 3-2 所示。

表 3-2　第 1 次课程内容

环　节	课堂内容	核心概念	时　间
自我介绍	教师首先进行自我介绍，然后引导学生进行自我介绍，包括：姓名、性格、爱好和特长等。在学生进行介绍的过程中，教师注意通过观察对学生进行初步的了解	破冰	10min
分组	根据前述对学生的初步了解，同时参考学生间互相熟悉程度，引导学生进行异质性分组（此处可以注意将来自同一个班级的同学打乱进行分组，避免出现小团体）	异质性分组	3min
小组建设	要求同一小组内的学生在规定时间内互相认识，为自己的小组起名字、设计 Logo（在 A3 纸上绘制海报）并选出一名学生来为大家进行介绍	团队凝聚力	15min
分组汇报	每组派出一名学生介绍自己的组名、组员及 Logo 的含义，每组限时 2min	表达能力	10min
营养物质初探	给定学生场景，假如每组是一个营养师团队，要为一个青少年设计每天的食谱，帮助他合理地摄取各类营养物质；要求学生通过调研给出水果中所含的营养物质种类及其作用，并进行海报（A3 纸）展示	营养物质种类及作用	20min
汇报展示	要求每组派出一名同学（不能与前一次相同）汇报自己小组的调研结果，每组限时 3min		15min
教师总结	综合学生的汇报结果进行点评并利用多媒体完整介绍食物（以水果为例）中营养物质的分类及在人体中的主要作用		10min
作业	要求学生回家后调研维生素 C 含量的测定方法，并思考哪种方法能够利用身边的物品完成	定量分析	2min

2）第 2 次课课程设计

概述：本次课程为系列课程中的第 2 次课程，主要内容是引导学生调研实验方案测定水果中维生素 C 的含量；通过流程图方式对方案进行展示；互相讨论并进一步修改确定方案。

材料：需要为每组提供水彩笔 1 盒、黑板磁力贴 4 个、马克笔黑色和蓝色各 1 支、A3 白纸 2 张。

课题引入（2min）：上节课我们已经了解到不同的水果中含有的营养物质种类接近，但是具体含量差别很大。其中我们着重学习了维生素 C 的缺乏可以导致坏血病，直接危及我们的健康。那么我们怎么知道某一种水果中维生素 C 的含量呢？这节课，我们就来一起进行探究。

课堂现场：第 2 次课程内容如表 3-3 所示。

表 3-3　第 2 次课程内容

环　节	课　堂　内　容	核心概念	时　间
测定方案制订	学生以组为单位，根据课下调研的结果进行讨论，设计测定维生素 C 含量的方法并准备进行海报（A3 纸）展示。要求有：实验目的、实验材料、实验原理、实验步骤	科学探究	20min
展示交流	每组同学汇报维生素 C 测定方案，限时 4min，同时留 3min 时间用于教师点评及同学互评。教师主要关注：原理是否可行、是否安全可靠、材料是否易得、步骤是否充分考虑了可操作性等		35min
知识讲解	从学生的方案出发，介绍科学探究实验的要点，包括对照实验、平行重复及定量方法等		10min
方案优化	学生以组为单位，根据交流讨论的结果对各自的实验方案进行优化，确定测定维生素 C 含量的方法。同时，另用一张海报（A3 纸）进行将课后准备任务进行合理分工，实在不好准备的可以请申请教师代为准备	合作	15min
方案确定	教师走到学生中，检查学生的实验优化方案是否合理，并同时检查是否进行了合理的课后分工		5min
作业	（1）按照课堂上讨论的分工各自准备实验所需材料（2）思考并调研水果中的其他营养物质含量该如何检测（每人至少一种）		3min

3）第 3 次课课程设计

概述：本次课程是系列课程的第 3 次，主要内容是教师进行实验操作演示，之后学生根据上节课确定的方案及分工，利用自己准备的材料，分组进行实验并记录数据；最后通过处理计算、得出结论并进行展示。

材料：需要为每组提供水彩笔 1 盒、黑板磁力贴 4 个、马克笔黑色和蓝色各 1 支、A3 白纸 2 张、直尺 1 把、试管架 1 个、试管刷 1 个、200mL 烧杯 3 个、试管 6 个、一次性胶头滴管 6 个；教师需要准备加热装置 1 套、小烧杯 4 个、厨房用纸 1 卷，同时需要淀粉 20g、碘液 20mL 备用。

课题引入（3min）：同学们经过上节课的讨论，给出了不同的维生素 C 含量测定方案，但是大家的共性是利用颜色反应。下面，将大家上节课制订的实验方案和分工发给各组，大家重新回顾一下。

我们看到有些组从家里带来了新鲜的水果准备现场榨汁，还有些组从食堂买来了果汁，还有同学带来了维生素 C 泡腾片作为对照。下面就让我们抓紧动手，来了解这些食物中的维生素 C 究竟有多少。

课堂现场：第 3 次课程内容如表 3-4 所示。

表 3-4　第 3 次课程内容

环　节	课堂内容	核心概念	时　间
材料准备	请学生自查是否按实验方案携带了合适的实验材料，教师进行巡视并帮助协调，确认各组能够开展实验	实验方案	5min
实验技术介绍	播放网络上维生素 C 测定实验的小视频，请学生注意观察如何处理实验材料、如何控制变量、如何进行数据记录等	控制变量、数据记录	10min
教师演示	教师演示胶头滴管的使用方法，并为需要的组现场配置淀粉 - 碘液；重点强调安全操作，尤其对于自带榨汁机以及水果刀的小组	实验操作、安全须知	5min
学生实验操作	学生依据自己组的实验方案进行实验；实验前，应该引导学生依据实验方案首先绘制实验数据记录表格；过程中，教师要注意巡视，主要关注学生的实验安全（尤其是刀具及玻璃仪器的使用）并督促学生及时进行数据的记录（最好以表格的形式）	安全操作、平行实验、实验记录	25min
数据处理	数据处理前，督促学生将实验用品收拾好，养成良好的习惯；接下来，引导学生讨论如何处理数据才能得出结论（三种不同的水果中维生素 C 含量多少）并绘制海报（A3 纸）进行展示	平均值、表格绘制、柱状图绘制	20min
实验结果展示	各组展示交流，每组 4min；教师注意记录各组出现的问题，主要为下节课的针对性教学进行准备；展示结束之后，教师进行 5min 左右的针对性点评，汇总全班结果，对多种水果中维生素 C 含量进行排序	半定量分析、误差分析	20min
作业	思考实验中可以改进的地方，以及得到的数据和结论是否可靠		2min

4）第 4 次课课程设计

概述：本次课程为第 4 次课程，主要内容为分组进行实验反思并分享，教师带领学习方差的知识并进行数据可视化，并根据以上结果讨论、优化实验方案；剩余时间用于初步设计营养物质测试仪器。

材料：需要为每组提供水彩笔 1 盒、彩色便利贴 1 叠、黑板磁力贴 4 个、马克笔黑色和蓝色各 1 支、A3 白纸 2 张、直尺 1 把。

课题引入（1min）：上节课大家都亲自动手进行了实验，给自己组的实验对象中维生素 C 含量进行了排序。相信回去之后经过反思，很多同学都对实验中存在的问题有了更清楚的认识并给出了解决方案。那么，事不宜迟，我们就开始讨论吧！

课堂现场：第4次课程内容如表3-5所示。

表3-5　第4次课程内容

环　节	课 堂 内 容	核 心 概 念	时　间
实验反思	给各组发还实验方案设计、实验操作分工、实验数据记录及实验结果展示几张海报，要求组内根据课后总结思考的结果讨论自己组的实验有哪些可以改进的地方、分析出现问题的原因并给出改进方案；每组另给一张A3纸进行记录	结果分析、反思与提高	15min
交流分享	各组派一名代表交流分享讨论的结果，每个组限时3min，教师应该在过程中进行记录并对照上节课的记录准备下一环节	沟通与表达	18min
教师总结	进行点评并介绍错误与误差的区别，初步让学生理解系统误差与随机误差区别、系统误差的校正及随机误差的消除方法；引导学生思考为什么有些组的结论清晰易懂？结果的可信度有多高？给学生介绍数据可视化的概念，即对于原始数据的处理；初步介绍方差的概念并柱状图绘制（包含误差线）进行演示，直观地让学生理解显著性差异的概念	数据处理、假设检验、方差	20min
数据分析	每组再发一张A3纸，请学生在学习的基础上利用原始数据进行进一步分析，并以图表形式再次呈现自己的实验结果和结论	数据可视化、实验结论	15min
营养物质测试仪	要求同学在已有的经验基础上，开发一款能够家用的营养物质含量测试仪；目标物可以是任意一种营养物质，例如蛋白质、无机盐、水、糖类等；请各组讨论确定目标并调研测试方法，初步进行产品设计	原型机、产品设计	20min
作业	思考一个成功的家用小仪器应该满足哪些条件，并着手进行初步设计		2min

5）第5次课课程设计

概述：本次课程为最后一次课程，主要内容为分组进一步进行仪器设计，展示并讨论，小组间互相评价并对课程进行总结，思考如何将均衡膳食的理念应用到日常生活中。

材料：需要为每组提供水彩笔1盒、彩色便利贴1叠、黑板磁力贴4个、马克笔黑色和蓝色各1支、A3白纸1张。

课题引入（2min）：经过了4次课程，各个组都已经形成了自己独特的风格。今天就是大家大展身手的时候了，如果要让你们团队推出一款家用仪器，用来测定食物中某种营养物质的含量，你们会交出什么样的答案呢？

课堂现场：第5次课程内容如表3-6所示。

表 3-6　第 5 次课程内容

环　节	课堂内容	核心概念	时　间
营养物质测试仪设计	同学们动手设计能够在家庭中使用的营养物质含量测试仪器并绘制设计图；要求能够设计出安全、稳定并尽可能人性化的家用仪器；同时，学生要准备 5min 的展示环节，向其他小组和教师推销自己的产品	海报制作、演讲	45min
海报展示	每组派出 1～2 名同学，以海报为基础介绍自己组的设计，要求能够讲清楚原理并展示出亮点	安全性、稳定性、人性化	25min
小组互评	每名同学发给 2 张代表本组颜色的便利贴，投票给自己认为优秀的小组，并写出该设计的亮点		5min
教师点评	根据投票评选出最佳设计奖、最实用产品奖、最佳合作奖等奖项，对学生的设计进行点评，最后针对课程中大家的表现进行总结	团队合作	7min
课程感想分享	请学生分享参与本系列课程的感想，教师进行总结并记录，注意引导学生将课堂中学习的理念应用到以后的生活中	沟通	5min

3.2　在技术与工程世界践行 STEM 课程——以"纸上钢琴"为例

3.2.1　课例说明

1. 如何选题

STEM 教育开展的主要目的是促进学生应用跨学科知识解决实际问题的能力，初衷是为了提高学生对于理工科的学习兴趣与能力。

教师选择题目首先要结合自身特长和爱好，要以自身为榜样带动学生共同参与，如果教师自己都觉得项目没有价值没有趣味，那强迫学生进行学习只会适得其反。

选题还应该结合学生特点，新一代学生大多是伴随电子产品长大的，信息获取能力也较强，对应的教学内容和学习方式应该符合时代特色。

2. 如何设计

1）这门课程的教育目标是什么？

让学生在实践中领会知识的运用过程，养成跨学科的思维方式，面对真实问题和

教学资源

困难懂得如何分析和解决，在工程实践中提升综合素养。

2）课程涉及的核心知识有哪些？

主要涉及物理学科中电学部分知识（串并联电路、电容器、电势），声学部分知识（声音本质、震动、频率等）；计算机学科中C语言入门级编程（变量、赋值、if逻辑、串口传输等）；数学学科中正弦函数、数据与逻辑等知识；音乐学科中音阶、简谱、钢琴琴键布局等知识；工程学中CAD制图、激光切割等知识，如表3-7所示。

表3-7　"纸上钢琴"课程内容

S（科学）	T（技术）	E（工程）	M（数学）
物理学电子电路知识、声音的产生、音乐知识	电容式触碰检测技术、Arduino编程控制技术	创意乐器产品设计、实现与优化的过程	数学逻辑、数据的收集与处理

3）开设此课程硬件需求的可行性（学校资源）如何？

Arduino主控板：价格50～80元，可重复使用（图3-2）。

导电胶带：铜箔导电胶带和银灰色导电布胶带（图3-3）。

图3-2　Arduino主控板　　　　　图3-3　导电胶带

压电陶瓷喇叭：单价低，声音小，人多时噪声小（图3-4）。

其他：杜邦线若干、白纸板、铅笔、尺子、剪刀等。

4）期望学生达到什么水平？

期望学生能够切实掌握电容/电阻式触碰检测原理，能够正确应用该原理来制作钢琴琴键。通过自主学习掌握发声的物理原理，并能

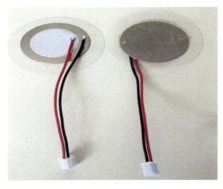

图3-4　压电陶瓷片

够利用编程实现七音琴的发声。

5）如何激发学生对项目的兴趣？

音乐本身就有一种力量，是全人类共同的语言。项目选题本身就比较容易引起学生的兴趣，再加上教师实际演示和弹奏钢琴样品，更能抓住学生兴趣点，在这样的基础上讨论基础知识和原理就更容易被学生接受。

6）如何引导学生主动调查、分享思维？

学习任务中有一部分课时安排专门留给学生自主查阅资料解决问题，必须经过主动收集资料和互相讨论才能解决技术困难。

在完成钢琴项目后，进行组内和班内的弹奏演示，互相欣赏对方作品，促进分享交流。

7）如何评价学生？

过程性评价主要针对学生平时表现，关注每个学生的学习进展，引导解决问题，每节课的教学环节中设置小任务，针对小任务的完成情况进行阶段性记录。

终结性评价主要针对作品质量和演讲展示表现进行评价。

3. 实践反思

课程实施过程中可能遇到的问题有以下 3 个方面。

（1）学生基础差异很大，部分学生不选考物理，部分学生计算机编程水平很高。

（2）学生的很多乐器设计想法很好，但现有的材料和工具不足以支持学生完成。

（3）课程中的知识和技能内容相对较多，需要学生掌握后才能开展项目，可进行数据记录与研究的内容相对较少。

针对上述问题任课教师可以通过咨询各种专家学者，阅读相关书籍文献，在实践中逐步思考。尝试的解决方式如下。

针对问题（1），在课程设计上要更加用心，设置阶梯任务难度，一开始放慢教学进度，同时留出选做任务给能力强的学生进行挑战。

针对问题（2），在每一轮的教学实践中不断积累经验，多和学生交流设计想法，准备更加充分的工具和材料，丰富学生的项目内容。

针对问题（3），项目本身相对比较偏重科学原理和技术实践，制作过程体现工程思维，对于应用数学和科学探究解决实际问题部分确实应该寻找途径进行加强，例如对声音本质的研究可以加入该课程中。

3.2.2 课例分享

1. 课程概述

该项目以创意电子乐器为主题，在8课时左右的教学中，掌握Arduino开源硬件，结合物理电路知识和简单电子编程技术，设计和制作纸上钢琴；另外在8课时的活动中以团队合作和自主研究的形式，设计并实现一个可以互动的主题电子乐器，并进行产品宣传与演奏。

在教学中，一方面趣味化地帮助学生掌握控制理论和编程技术，但更加重要的是针对不同人群和不同使用场景做出设计，让学生明确设计的一般过程，自主探究解决问题，完成乐器产品设计、制作、实际测试、进一步优化甚至批量生产的工程过程，全面提升学生核心素养。

课程优势：该项目难度可分层，适合不同年级、不同基础的学生，且所需材料价格低廉，易于开展。

面向对象：高一年级。

学生人数：20～30人。

课程时间：8课时左右时间完成个人基础版纸上钢琴制作，另外8课时时间可以进行扩展内容的团队选题和制作。

教学材料：Arduino主控板加数据线、导电胶带、压电陶瓷喇叭、杜邦线、白纸板、铅笔、尺子、剪刀，以及其他立体钢琴制作所需材料。

2. 课程框架

本课程主要涉及三个部分的教学，课程框架如图3-5所示。

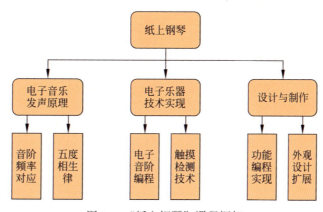

图3-5 "纸上钢琴"课程框架

针对每个部分的内容进行展开，"纸上钢琴"课程列表如表3-8所示。

表3-8　"纸上钢琴"课程表

课次	教学主题	内容简介	设计意图	核心概念	思维扩展
第1次课	电子乐器初探	展示不同种类的乐器，重点展示新时代的电子乐器，引导学生思考电子乐器的应用场景和设计理念；体验纸上钢琴实物的弹奏，分析组成部件	引出电子乐器的主题，引起学生兴趣	电子乐器	不同乐器的设计理念和应用场景
第2次课	Arduino 使用入门与音乐播放	讲解 Arduino 单片机的使用方法、面包板的用法、蜂鸣器的用法；给出学生相关资料或提供网络学生自行查找，解决利用 Arduino 播放特定音符的问题	掌握基本技术	单片机、音阶频率、声音	编写自动弹奏音乐的程序
第3次课	Arduino 电容式触碰检测与纸上钢琴制作	讲解电容触碰检测的原理和实现方法，学生利用该方法检测触摸；制作七音纸上钢琴作品	掌握基本技术	电容、电势、物化成型	寻找其他检测人体触摸的方法和原理
第4次课	电子乐器的选题与设计	分组讨论寻找合适的应用场景来设计一款电子乐器，当然需要结合已掌握的技术手段	促进学生养成以人为本的设计思想	头脑风暴、设计思维	寻找网上相似产品进行查重，了解他人设计理念
第5次课	作品分组制作	通过各种技术和工具完成作品的设计和制作	利用技术手段进行工程实践	物化成型	探究团队分工如何更加高效
第6次课	宣传展示与互相评价	根据完成的作品制作宣传海报，进行演讲展示和实际作品弹奏	分享与展示	评价	在更大的范围展示成果

3. 课程设计概述

1）第1次课课程设计

概述：本次课作为第1次课，第一部分主要内容是团队组建；第二部分为电子乐器入门了解，从普通乐器引入电子乐器，对比优缺点，提出对电子乐器的功能设想。参考网络资料了解已有的各种电子乐器，引发学生兴趣。

材料：每组5人，提供A4白纸1张，水彩笔1盒。

课堂现场：第1次课程内容如表3-9所示。

表 3-9　第 1 次课程内容

环　节	课堂内容	设 计 意 图	时间安排
团队破冰	抽纸牌组队，队友互相介绍姓名、班级和爱好、幸运数字，在下一环节依次给全班介绍组员，第一个人介绍自己，第二个人同时介绍第一个人和自己，所以第五个人要把全组人介绍一遍，考验记住队友的能力	促进团队了解	20min
团队组建	团队在 A4 纸上讨论确定队名、Logo、口号，制定团队公约；各组汇报展示	团队成型	20min
休息			10min
课程引入	从普通乐器介绍，展示不同种类乐器演奏视频，介绍电子乐器；同学谈论电子乐器优缺点，互动	了解乐器	15min
展开思考	思考电子乐器可以的设计功能，小组讨论，展示分享	设计功能	15min
调研扩展	展示部分已有电子乐器，布置任务回家查阅网上资料，展示几种有特色的电子乐器	调查研究	10min

评价要点：学生的创意和表达能力。

2）第 2 次课课程设计

概述：本次课主要讲解 Arduino 可编程开源硬件的入门使用方法，在面包板上进行蜂鸣器发声的实验，明确音阶和频率的对应关系，掌握电子乐器发声核心技术。

材料：每组 5 人，每 1～2 人提供 1 套 Arduino 开发板＋蜂鸣器＋杜邦线＋LED 灯＋100Ω 电阻＋面包板。

课堂现场：第 2 次课程内容如表 3-10 所示。

表 3-10　第 2 次课程内容

环　节	课堂内容	设 计 意 图	时间安排
Arduino 入门介绍	介绍 Arduino 的来源，介绍开源硬件的含义，给学生提供网上教程资源自学资源网站；介绍 Arduino 功能和引脚布局，介绍编程软件	了解 Arduino 板	10min
面包板使用方法讲解	面包板的功能和用法，利用 LED 灯和 100Ω 电阻以及杜邦线在面包板上进行插线实验，点亮 LED 灯	掌握技术	15min
蜂鸣器使用方法讲解	讲解蜂鸣器用法，在面包板上进行蜂鸣器插线；讲解 Arduino 控制蜂鸣器发声的程序	掌握技术	15min
休息			10min
蜂鸣器发声实验	根据之前学习的知识，进行面包板插线，编好程序上传到 Arduino 板上，听到发声 2s 停止 2s	技术实验	15min
编程自动播放音乐	教师答疑，学生自主查阅资料学习音阶和频率的对照关系，并编写自动播放《欢乐颂》简谱	技术实验	20min
扩展思考	提出问题思考为什么电子乐器的声音听起来比这里的蜂鸣器声音好听很多，从原理上应该如何解决	知识扩展	5min

评价要点：学生的技术掌握程度。

3）第 3 次课课程设计

概述：本次课主要解决电子乐器如何检测人体的触摸从而进行弹奏。讲解 Arduino 电容式触碰检测原理与实现，提供示例代码，学生进行学习后自行编写七音琴程序，制作初级版纸上钢琴。

材料：每组 5 人，每 1~2 人提供 1 套 Arduino 开发板 + 蜂鸣器 + 杜邦线 + 导电胶带 +A4 纸。

课堂现场：第 3 次课程内容如表 3-11 所示。

表 3-11　第 3 次课程内容

环　节	课 堂 内 容	设计意图	时间安排
乐器演奏展示	教师演示往届学生制作的优秀纸上钢琴作品，讨论系统组成，论证技术实现路径	引发兴趣	10min
原理讲解	讲解电容式触碰检测的原理和应用场景	知识讲解	5min
技术讲解	讲解 Arduino 程序如何实现人体触碰检测，学生根据学到的知识进行编程	技术实现	25min
休息			10min
七音纸上钢琴制作	设计七音纸上钢琴布局，利用导电胶制作琴键，用杜邦线连接；上传程序实现七音纸上钢琴制作	物化成型	30min
项目扩展	制作速度快的学生可以试着制作加入自动弹奏按钮	进阶任务	5min
总结展示	展示本次课优秀设计作品进行点评，展望电子乐器设计	总结	5min

评价要点：技术应用能力和纸上作品设计创意。

4）第 4 次课课程设计

概述：本次课主要分组讨论寻找合适的应用场景来设计一款电子乐器，当然需要结合已掌握的技术手段，也可以提出新的技术手段。进行合理的规划、选材、分工、设计。

材料：每组 5 人，提供 A4 白纸、水彩笔 1 盒。

课堂现场：第 4 次课程内容如表 3-12 所示。

表 3-12　第 4 次课程内容

环　节	课 堂 内 容	设计意图	时间安排
设计问题提出	根据已掌握的电子乐器知识与技能，自己寻找合适的应用场景，针对该场景进行设计；必须有明确的场景与针对该场景或特定使用者的特殊设计；举例说明	明确设计要求	10min

续表

环　节	课堂内容	设计意图	时间安排
个人方案设计	在规定的时间内单人完成一份设计方案	个人思考	15min
分组讨论设计方案	小组 5 人选择合适的方式讨论组内所有成员的设计方案，综合优点，形成小组方案	方案讨论	25min
休息			10min
纸上方案设计	在纸上讨论和表达本组方案，要求这一阶段有明确的应用场景、清晰的设计草图和详细的功能列表	方案成型	20min
方案展示交流	各组派代表展示本组设计方案，其他组针对性地提出问题，共同促进设计的优化改进	展示交流	15min
总结优化	教师总结大家设计中的优点和共性问题，各组进一步思考和改进	总结	5min

评价要点：方案设计的创新体现。

5）第 5 次课课程设计

概述：本次课的主要内容是制作过程，各团队明确分工完成制作。教师协助解决困难。可以用普通材料、刻刀、剪刀制作，也可以利用激光切割机设计与制作，根据课时情况调整制作时间和小组项目难度。

材料：每组 5 人，提供 2 套 Arduino 开发板 + 蜂鸣器 + 杜邦线 + 导电胶带 +A4 纸，其他各种纸板、KT 板、刻刀等工具。

课堂现场：第 5 次课程内容如表 3-13 所示。

表 3-13　第 5 次课程内容

环　节	课堂内容	设计意图	时间安排
任务分工	各组学生回顾本组方案设计，再次确认制作内容；进行分工，每个成员承担相应任务	团队分工	10min
制作	各组开始软件编程及外观搭建；教师与各组同学交流，解决设计困难	物化成型	30min
休息			10min
制作	设计七音纸上钢琴布局，利用导电胶制作琴键，用杜邦线连接；上传程序实现七音纸上钢琴制作	物化成型	30min
交流指导	教师再次与各组交流进度，沟通所需材料工具，提供技术指导	进阶任务	5min

评价要点：团队合作解决问题的能力。

6）第 6 次课课程设计

概述：本次课的主要内容是宣传与展示。根据完成的作品制作宣传海报，进行演讲展示和实际作品弹奏，进行各组互评。

材料：每组提供水彩笔和纸张。

课堂现场：第 6 次课程内容如表 3-14 所示。

表 3-14   第 6 次课程内容

环　　节	课 堂 内 容	设 计 意 图	时 间 安 排
宣传品制作	设计宣传文案，制作产品海报	提升宣传意识	35min
演奏与展示	各组分别进行实际钢琴的演奏，根据产品海报讲解设计理念和应用场景	宣传展示，演讲表现	30min
作品互评	各组每个成员对其他组作品进行实名制打分，按照等级制排名，限制都给高分的情况出现	作品评价	10min
项目总结	教师进行整个项目的总结	总结	5min

评价要点：根据实物作品和宣传效果给出总结性评价。

3.3　面向社会关注热点的 STEM 课程——以"净水挑战"为例

3.3.1　课例说明

1. 如何选题

选题的基本原则是：既能满足初一学生的认知需求，又能真正运用科学、技术、工程和数学这几门学科的知识，还能解决生活实际问题。最后，结合教师的专业背景。

后来的实践证明，这个主题很合适。饮用水安全是近些年来社会关注的热点，加强学生对水环境污染和保护的认识很有必要。初一学生对中国的水环境污染和水环境保护已经有一定的认识，对饮用水净化这个主题并不陌生，而且学生在调研中国水资源现状时，逐渐意识到这个项目的意义。他们发现中国西部农村严重缺水，长期靠收

教学资源

集的雨水作为饮用水，饮用水安全无法得到保障，而家用简易净水器正好能帮助这些农民。由于他们在设计并完成项目的过程中时刻想着帮助中国西部的农民，因此完成项目的劲头更足。

2. 如何设计

在开始设计这门课程时，首先思考并学习下列问题。

1）这门课程的教育目标是什么？

使学生在探究中获知水污染相关知识，以及净水相关的方法及原理，深化他们对材料科学、水环境中重要的化学反应、生物作用及生态平衡的认识，同时可以增强学生的社会责任感，树立起生态环境保护的理念。培养学生建立科学探究的思维。

2）课程涉及的核心知识有哪些？

本课程从选题和内容上横跨多个学科：物理、化学、生物、工程设计、数学、艺术等。结合初一学生的学情，本课程涉及的核心知识主要有：水的形态变化、水循环、酸碱性及酸碱指示剂、硬水与软水、水质评价指标、微生物、常用的净水方法、流量、流速、水力停留时间、装置设计和材料选择、工程设计思路等。

3）开设此课程硬件需求的可行性（学校资源）如何？

例如，学校实验室配备有水质分析所需的仪器（如 pH 计、电导率仪、水质测试盒等），且简易净水器的 DIY 材料在市场上均能买到。

4）期望学生达到什么水平？

期望学生能够清晰准确表述自己的观点，总结自己对某一问题的认识。能够在实践中不断改进优化设计方案，最终培养工程设计和科研的思维习惯。

5）如何激发学生对项目的兴趣？

引导学生调研中国水资源状况，以及水污染情况，通过中国西部农村地区严重缺水，以及大部分水源受到污染的事实激发学生学以致用和帮助别人的决心。同时利用"生命吸管""1L 水照明计划""用网捕水？沙漠居民的取水妙招""母亲水窖"等素材激励学生。素材链接参见：

https://v.qq.com/x/page/f07168xrzgm.html

http://www.sohu.com/a/194205805_780212

https://v.qq.com/x/page/b0544c1aqgk.html

http://m.news.cctv.com/2018/08/09/ARTIVFpl9KN5zQnZgobxuV1b180809.shtml

http://www.mothercellar.cn/

6）如何引导学生主动调查、分享观点？

在课程初始阶段，让学生分组调研如何收集并整理资料，如何做学术报告，让学生主动思考并学习好的调查方法。在课上要求学生自由分组，每次任务均要明确每名学生的分工，使每名学生均有机会发表观点，在团队合作中发挥作用。

7）如何评价学生？

STEM 课程由于没有书面的考试，采用的评价方式是：课堂表现与作品呈现有机结合，且每次课程均设计明确评分标准的评价量表。在第 1 次课时，就向学生说明评价方法，每节课均密切关注并记录学生课堂表现，并给出平时课堂表现成绩。课程最后，召开净水器招标会，根据学生制作的净水器的净水效果和他们的宣传效果给出作品成绩。其中净水效果要制作水质评价表，根据学生记录的各项水质指标对其净水效果进行评价。

3. 实践反思

在课程实施过程中任课教师遇到了很多问题。比如：

（1）如何通过角色设定，引导学生了解某些职业的要求等？

（2）如何融入更多的数学思维？

（3）在指导学生完成项目的过程中，如何开阔学生视野，同时又不禁锢学生想法？

（4）在课堂上如何分配学生项目时间？

（5）STEM 涉及的内容很广泛，要求教师熟悉科学、工程、技术和数学等相关领域，但本门课程任课教师对科学、数学较为擅长，对工程和技术的把握能力较弱。在项目进展过程中，发现部分学生的项目需求，以任课教师目前的知识储备无法实现。

发现这些问题后，积极学习优秀的 STEM 案例，并在各种 STEM 培训中咨询专家和同事的意见，最终大部分的问题都得到了有效解决。比如：

针对问题（1），在给学生布置项目任务时，要求他们以水质工程师的角色来设计并完成项目，并让他们分组采访、收集资料、思考并汇报分享水质工程师的主要工作内容、职责和知识储备要求等。学生在这个过程中逐渐了解了水质工程师的角色定位，对以后的职业选择有了一定的帮助。

针对问题（2），在专家的建议下，收集了一些数学建模的案例，引导学生运用数学思维解决实际问题。学生对流速、水力停留时间、流量、体积等的理解更加深入。

针对问题（3），在引导学生设计项目时，任课教师尽量少讲，让学生多探索，对于学生设计实验时明显出现的错误，先不予纠正，鼓励他们动手实验，在实验过程中发现问题，再逐步优化。学生在这个过程逐渐体会到工程设计不是一步到位的，一定要反复实验，反复修改优化，而且在设计时要尽量综合考虑各方面因素。

针对问题（4），尽量让学生利用课堂时间高效完成讨论、设计、产品制作等环节，而对于课堂上讨论出的问题，让学生根据兴趣自行分组，在课下收集整理资料，下节课汇报分享。但在上课过程中会发现，部分学生设计的净水器不合理，实用性不强。如果课时允许，则让学生尝试在制作过程中找出问题，再不断优化改进设计。如果时间不允许，可以启发他们根据设计图想想装置设计好后，可能会出现什么问题，提醒他们提前优化设计。

针对问题（5），任课教师在不断学习课程的相关知识的同时，争取与其他教师合作。在项目后期，有些学生想制作出既能净水，又能在线监测水质的净水器，和另一位擅长工程技术的教师合作指导这些学生，取得了较好的进展。

在课程实践过程中，看到了学生在实验设计和创新方面的潜力。STEM式的教学模式，让学生能够学以致用，激发了学生探索未知世界的信心，使他们真正成为学习的主体，不再是一味地接受教师传授的知识，而是学会自主探索知识，极大地提高了他们的自学能力。这次STEM课程的体验让教师同样受益匪浅，在常规化学课的教学中，也尝试运用STEM的理念设计一些课程，受到学生的欢迎，学生的学习效果也不错。

3.3.2 课例分享

1. 课程概述

饮用水安全是近些年来社会关注的热点。由中国环境状况公报可知，中国的水环境整体水质变好，但水体中污染物的种类逐渐增多，水污染事件屡见报道。加强学生对水环境污染的认识很有必要。本课程利用STEM课程项目式学习的理念，带领学生们在自制净水器的过程中，学会工程设计的思路，掌握基本的科研思维方式，同时加深他们对水环境资源的认识，了解水处理的流程，掌握重要的净水技术，增强保护环境的意识。

本课程从选题和内容上横跨多个学科：物理、化学、生物、工程设计、数学等。学生将在第 1 阶段自主探究水污染现状，并讨论保护水资源的方法，绘制水污染现状图及治理方案图。课程的第 2 阶段，学生进行水处理技术相关的文献调研，并做汇报。同时探索市面上出色的净水装置的设计原理及效果，学习工程设计的方法，每组学生设计一个净水装置，并画出详细的设计图纸和方案。课程的第 3 阶段，学生自己动手利用身边的材料制作净水装置。引导他们注意工程设计的思路，要不断地改进优化自己的设计。课程的第 4 阶段，让学生制订一个测定水质的方案，利用自己制作的装置净化同一种污染的水样，并按照水质测定方案测定进水和出水的水质。组织学生评出最优水质奖，同时让学生设计宣传海报，以参加最后一阶段的净水器招标会。课程的第 5 阶段，举行净水器招标会，让每组学生上台介绍自己的产品和海报，评出最优设计奖。同时让每组学生做最终答辩，评选出终极 STEM 奖。

课程优势：本课程贴近生活实际，材料易于获得，学生最终能制作出一个成品。

面向对象：初一学生。

学生人数：20 人。

课程时间：课程一共分为 5 次课，每次课 90min，每周 1 次课。

教学材料：按每组 4 人，最多 5 人一组，每组需提供至少 5 个 500mL 矿泉水瓶或其他容器（大小可以不同，鼓励学生自己收集）、0.2kg 不同粒径石子和沙子（鼓励学生自己准备）、0.2 卷医用脱脂棉、0.2 卷医用纱布、0.2kg 活性炭（粒径较小）、1 盒 pH 试纸（pH=0～14）、1 卷胶带、1 把美工刀、1 卷厨房用纸、1 套水质测定盒、1 台电导率仪、1L 自来水、0.1kg 土（普通泥土）、5 张 A3 白纸、1 盒 6 色水彩笔、5 支黑色水笔、6 个黑板磁力贴。

2. 课程框架

参考图 3-6 所示的课程框架，系列课程分为以下 3 个主要部分：水环境及净水技术认识（第 1～2 次课）、净水装置设计及制作（第 3 次课）、净水装置评价与展示（第 4～5 次课），如表 3-15 所示。

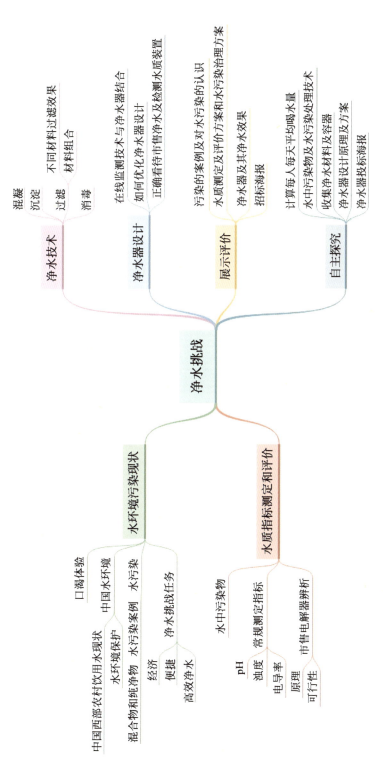

图 3-6 "净水挑战"课程框架

表 3-15　"净水挑战"课程表

课　次	课程名称	教学目标	课程简介	设计意图	核心概念	思维扩展
第 1 次课	水环境污染现状	引导学生探究目前水环境出现的问题，思考解决问题的方法	学生分组讨论水环境污染及污染现状；学生分组绘制水环境保护方案并展示	能够总结出对水环境污染的认识，能提出问题并查阅资料解决问题	水的形态变化、水循环、水污染、微生物等	思考污染水体中的污染物种类、危害以及相应的处理方法
第 2 次课	水质评价	使学生学会如何测定常规水质指标，并评价水质	让学生自己探究出基本水质指标的意义及测定原理，探究市售电解器的使用原理及判断水质好坏的可行性	能够自学基本净水知识，了解测定各项指标的意义	电解，pH，浊度，色度，大肠杆菌，电导率，高锰酸钾指数，总氮，总磷，UV254，硝酸盐，总硬度，溶解氧，总有机物，重金属，误差分析，水质综合评价指标	什么水质评价指标对我们的日常生活有指导意义？
第 3 次课	基本水处理技术	使学生了解目前净水的主要技术，掌握重要的净水技术	观看"跟着贝尔去冒险"中净化水的视频；学生分组汇报收集的水污染治理技术，包括目前市面上出售的净水装置；学生分组设计净水装置，并绘制详细设计图	了解水中常见的污染物，能根据污染物的特点，选择相应处理技术；能设计出合理的净水装置	水质评价指标，活性炭，混凝，过滤，沉淀，消毒，装置设计等	你设计的装置如何优化，设想你能找到任意材料，你想如何改进你的设计，想达到什么目的？
第 4 次课	净水装置制作、净水效果及广告制作	锻炼学生动手能力，使学生能在设计、动手制作、验证效果环节中认识到工程设计的思路；且使学生学会如何综合性地评价水质，并锻炼他们科学表达能力	学生分组制作净水装置，汇报收集的水质测定指标及方法，互相讨论、制订水质测定方案；用自制的净水器处理统一受污染的水体，检验净水效果；制作净水器的推销广告	能意识到自己设计的净水装置的优缺点；具有一定的动手能力，能利用身边的材料制作净水装置；了解常用的水质指标及测定方法；具备做实验的动手能力	流量，流速，水力停留时间，材料选择，水质评价指标	你的净水器净水效果是否让你满意，如果需要改进，想怎么改进？
第 5 次课	净水器招标会及最终答辩	锻炼学生沟通和表达能力	每组展示自己的海报，并拉票，其他学生和教师投票；每组进行答辩，教师展示，师和其他学生评分	能详细介绍制作的原理及优点；能清晰表达装置的优势	水质评价、装置评价	如何将现代化的在线监测技术与你的净水器结合呢？

3. 课程设计概述

1）第1次课：水环境污染现状

概述：本次课程主要内容为STEM课程介绍，水环境污染现状介绍，学生讨论对水污染的认识，以及学生绘制水环境污染现状和治理方案。

材料：按每组4人，最多5人一组，每组需提供1张A3纸、1盒6色水彩笔、5支黑色水笔、6个黑板磁力贴、5包咸味饼干或其他咸味食物，1杯被普通泥土污染了的脏水（100mL），1杯无色透明的溶液（100mL，可以是自来水），0.1kg普通沙子，0.1kg铁粉，2根磁铁（注意在用磁铁时，要将磁铁包上塑料）。

课题引入（3min）：在学生进入教室后，让他们选择一种咸味食物吃，要求他们在被允许喝水之前不能喝水（如有学生特别需要喝水，可及时提供水）。上课开始时，问大家口渴的感觉是什么？在大家分享之后，给他们每组分发一杯脏水、一杯无色透明的溶液，问他们这两个杯子中溶液的区别，能否直接喝，为什么？引出大家讨论并分组汇报大家对水资源和水污染的认识。

课堂现场：第1次课程内容如表3-16所示。

表3-16　第1次课程内容

环　节	课堂内容	核心概念	时间安排
认识物质分类	让学生用磁铁分别去吸沙子和铁粉，观察现象；之后将沙子和铁粉混合后，用磁铁吸引，观察现象；让学生讨论什么是混合物、纯净物	混合物、纯净物	2min
水环境及污染讨论	在前期课题引入之后，给学生如下重要词汇让学生讨论：人类可利用的水、水中污染物、用水量、水质评价、饮用水来源、如何保护水资源；要求学生分组收集并讨论水污染的案例及对水污染的认识	净水、水污染	15min
汇报展示	要求每组学生就关于水资源和水污染的认识的讨论结果进行汇报展示，每组限定3min，最后留5min时间教师点评；鼓励学生对其他组学生的展示发表见解，注意提醒他们要针对观点，而不是针对个人；要求他们在点评其他组学生的展示时，首先肯定他人观点中值得称赞的地方，再进行下面的观点讨论	水资源、水污染	20min
角色定位	给同学们放映中国西部农村地区严重干旱缺水的视频材料，给学生布置任务：假定你是当地的水质工程师，你现在面临一个净水挑战，要求你设计一种简便高效的净水器，帮助中国西部农村地区净化他们的饮用水，要求不能用市面上能买到的机器，要求成品价格低廉、使用便捷，符合当地农民生活习惯。大家要怎样应对这个净水挑战呢？鼓励大家踊跃发言，引导他们总结出解决这个问题，首先要了解如何测定并评价水质、了解水中的污染物，同时要了解针对不同污染物的净水技术，之后筛选出合适的净水技术，设计净水器，最后检验该净水器的净水效果。提醒他们工程设计的思路：验证效果不好时，要进行反思，重新设计，有可能需要经过反复实验，才能得到满意的净水器	工程设计、经济、实用	9min

续表

环　节	课　堂　内　容	核　心　概　念	时间安排
头脑风暴	给定学生场景，如果能够提供任何材料，你将如何测定并评价面前的那杯脏水的水质，又该如何净化它，以达到饮用标准？要求学生分组讨论并绘制水质评价方案和水污染治理方案，鼓励学生先讨论找出问题后，再用计算机查阅资料	水质评价、水质指标、过滤、吸附	20min
汇报展示	要求每组学生将绘制出的方案张贴在黑板上，每组选一名代表汇报，要求同上		20min
作业	① 要求学生设法计算一下平均每位同学每天要喝多少水（要求尽可能用身边易获取的材料测定，且尽可能精确）； ② 查阅资料，理解下列词语（明矾、地下蓄水层、弱透水层、大肠杆菌、污染物、稀释、自净）并收集水污染处理技术，下节课汇报展示	体积计算	1min

2）第 2 次课：水质评价

概述：本次课程主要内容是让学生认识水中的污染物，学会测定并评价水质。

材料：按每组 4 人，最多 5 人一组，每组需提供 1 套水质测定仪，1 套标称能检测水质的电解器、1 包 pH 试纸、1 杯自来水、1 杯去离子水、1 杯乙醇、1 杯饱和食盐水（每杯约 100mL）。

课题引入（1min）：上节课我们已经认识到干净水质的重要性，那么我们如何评价面前这两杯水呢？（教师需要向学生展示一杯脏水、一杯无色透明溶液）。

课堂现场：第 2 次课程内容如表 3-17 所示。

表 3-17　第 2 次课程内容

环　节	课　堂　内　容	核　心　概　念	时间安排
观察水质测定仪	要求学生观察水质测定仪，并学习其说明书，了解水质评价指标，并让学生讨论水质评价的方法原理、制订水质评价方案，可以让他们用计算机查阅资料	pH、浊度、色度、大肠杆菌、电导率、高锰酸钾指数、总氮、总磷、UV254、硝酸盐、硬度、总硬度、溶解氧、总有机物、重金属	20min
水质评价方案	每组学生汇报水质测定方案，并说明方案中涉及的每一个测定指标的意义和测定方法；鼓励小组成员分工合作，每人负责 1～2 项指标；要求每个同学都要发言，以小组为单位向大家展示水质测定方案，每组限时 3min，留 5min 给教师点评或学生互相点评	浊度、硬度、电导率、pH、溶解氧、总有机物、微生物、重金属、污染物	20min

续表

环　节	课堂内容	核心概念	时间安排
水质测定	让学生根据刚才的方案测定水质，填写水质评价表格；将每组学生测定结果贴在黑板上展示，让大家对比结果，并分析误差来源	误差分析、水质综合评价指标	24min
辨析电解笔	向学生展示广告中宣传的电解器能够检验水质好坏的原理，分发给每组学生一根电解笔，一组水样（包括一杯自来水、一杯去离子水、一杯乙醇、一杯饱和食盐水），让学生学习使用说明书，用电解笔检验这些水样的水质，判断广告宣传是否正确，其原理是什么（注意：教师要提醒学生不要将正负极短接等注意事项）	电解、金属、电、电导率、离子、浓度、有机物、极性、非极性	24min
作业	① 收集市面上类似电解器这种标称能检测水质的商品的相关信息，总结并汇报其原理，要求分析该原理判断水质好坏的可行性，下次课以小组形式汇报； ② 每组学生收集不用的矿泉水瓶或其他容器，以及自己认为可以用来净水的材料（最好是垃圾回用，如用过的活性炭口罩），下节课带来；要求每组学生至少准备5个空矿泉水瓶或其他瓶子，至少3种可以净水的材料	过滤、净水、电解、伪科学	1min

3）第3次课：基本水处理技术

概述：本次课程主要内容为净水技术讨论，要求学生自主设计净水器，并进行不同净水材料和方法净水效果的预实验。引导学生注意，每一种技术都不能解决所有的问题，应该根据污染水体存在的问题，有针对性地选择不同的工艺组合来处理。

材料：按每组4人，最多5人一组，每组需提供至少5个500mL矿泉水瓶或其他容器（大小可以不同，优先使用学生自己收集的瓶子）、0.2kg不同粒径石子和沙子（鼓励学生自己准备）、0.2卷医用脱脂棉、0.2卷医用纱布、0.2kg活性炭（粒径较小）、1盒pH试纸（pH=0～14）、1卷胶带、1把美工刀、1卷厨房用纸、1张A3白纸、1瓶被泥土和红墨水污染的脏水（500mL）、1L自来水、1套水质分析仪。

课题引入（1min）：恭喜同学们已经学会了一些水质测定及评价方法，作为一名水质工程师，我们要如何净化水，使它达到饮用水水质标准呢？

课堂现场：第3次课程内容如表3-18所示。

表 3-18 第 3 次课程内容

环　节	课堂内容	核心概念	时间安排
检测水质商品辨析	要求学生分组汇报上次课的作业——市面上标称能评价水质的电解笔类商品的可行性及其原理；每组学生限时 3min，留 5min 讨论分享和教师点评	过滤、净水、电解、伪科学、盲从	20min
净水材料展示及分析	要求每组学生展示他们准备的净水材料，并向学生们提供教师准备的净水材料，让学生讨论这些材料的净水原理，以及其他的净水技术；讨论分享 5min，每组学生分享时间限时 3min，留 5min 讨论分享和教师点评；教师点评时可穿插放映"贝尔大冒险——净水""生命吸管""1L 水照明计划"视频	混凝、沉淀、过滤、吸附、消毒、高级氧化、膜、生物作用	25min
检验不同材料净水效果	给每组学生分发 1 瓶被泥土和红墨水污染的脏水（500mL）、1L 自来水、要求学生们用自己和教师准备的净水材料净化脏水，并测定净化前后的水质指标，评价不同材料对脏水的净化效果，将测定结果填写在水质分析表格中	过滤、吸附、混凝、沉淀、色度、浊度、电导率、总溶解性固体	25min
净水器设计	要求学生结合上述实验结果，选出自己认为最合适的净水材料设计净水器，要求至少要用 3 种材料组合净水，画出详细的设计图纸，并在图上标明设计原理；在设计时考虑第 1 次课程的作业内容，必须满足平均每人每天饮水需求	工程设计、流速、水力停留时间	18min
作业	优化设计方案，准备设计方案讲解的 PPT，下节课展示，并制作净水器		1min

4）第 4 次课：净水装置制作、净水效果检验及广告制作

概述：本次课程主要内容为学生根据设计图纸制作净水器，并根据其净水效果对其改进优化。

材料：按每组 4 人，最多 5 人一组，每组需提供至少 5 个 500mL 矿泉水瓶或其他容器（大小可以不同，优先使用学生自己收集的瓶子）、0.2kg 不同粒径石子和沙子（鼓励学生自己准备）、0.2 卷医用脱脂棉、0.2 卷医用纱布、0.2kg 活性炭（粒径较小）、1 盒 pH 试纸（pH=0～14）、1 卷胶带、1 把美工刀、1 卷厨房用纸、1 张 A3 白纸、1 瓶被泥土和红墨水污染的脏水（500mL）、1L 自来水、1 套水质分析仪、6 个黑板磁力贴。

课题引入（1min）：在工程实践中，我们经常需要看懂别人的设计图纸，并参照图纸进行装置的搭建。这就要求我们在设计图纸时，必须清晰明了地让别人能看懂，不能造成误解。大家设计的图纸能否让别人看懂呢？

课堂现场：第 4 次课程内容如表 3-19 所示。

表 3-19　第 4 次课程内容

环　　节	课 堂 内 容	核 心 概 念	时间安排
净水器方案展示	要求学生将设计方案张贴在黑板上，先让大家观察这些设计，然后以小组为单位，每名学生均上台向大家说明本组的设计理念、方法及原理、预期的效果等，每组限时 3min；留 5min 时间大家互相讨论；对比听完介绍后对方案的理解和仅看图纸时理解的偏差，指导学生改进方案设计	工程设计、团队合作	20min
净水器制作	学生根据设计图动手制作净水装置，每小组制作 1 个净水装置；教师在旁边提供咨询建议，并检查学生的完工情况；要求小组成员明确分工，并记录在小组贡献表上；学生在制作过程中会不断发现问题，鼓励他们自己动脑解决问题，教师适当提示性引导	技术与工程结合	30min
净水器检验及优化	要求学生用自制净水器净化脏水，并测定净化前后水质变化，观察装置是否漏水，使用是否便捷，净水速度是否满足平均每人每天饮水量；找出装置的缺点，尽一切可能优化改进该净水器	净水、工程设计理念	37min
作业	① 继续优化净水器； ② 制作宣传海报，要求：必须有广告语，采用中国西部农民都能看懂的设计方案和设计原理，鼓励进行有吸引力的设计，目标是在下节课的净水器招标会上展示，吸引消费者； ③ 制作海报，并准备最终答辩的 PPT，要求每组学生在最后一次课中均要参加净水器招标投标会，拿着海报和产品实物为自己设计的产品做宣传，还要做一份完整的汇报，展示本组学生在本轮 STEM 课程中学到的关于水污染及其治理的知识		1min

5）第 5 次课：净水器招标会及最终答辩

概述：本次课程主要内容为净水挑战设计及海报展示，总结所学知识，并评选出各个奖项，启发学生热爱环境，树立起学以致用的信心。

材料：按每组 4 人，最多 5 人一组，每组需提供至少 6 个黑板磁力贴，1 瓶用泥土和红墨水污染的脏水（500mL），1 瓶自来水（500mL），1 本彩色便利贴。

课题引入（1min）：经过 4 次课的努力，每组均制作出了自己的净水器，每个净水器的净水效果如何？能否满足中国西部农村地区农民的净水需求？大家在解决这个挑战的过程中，了解到了哪些水质工程师必备的技能？

课堂现场：第 5 次课程内容如表 3-20 所示。

表 3-20　第 5 次课程内容

环　节	课　堂　内　容	核 心 概 念	时间安排
净水器展示	召开净水器招标会，教师和学生做评委，要求采用 PPT 展示和装置展示结合的形式，向其他学生阐述水污染背景（你的目标污染物）、净水器设计原理（根据目标污染物设计的技术）、净水器设计效果（外观、实用性、价格、处理水的效果）等；评出最佳设计奖；根据设计出的装置实际净水效果，以及课堂表现等，学生和教师打分，评出终极 STEM 能手奖；每组限时 10min，教师点评 10min	PPT 制作、演讲、艺术	60min
海报展示及评比	请各组学生将自己设计的产品广告张贴在教室周围，让教师和所有学生给广告打分（用贴便利贴的形式）评出最佳海报奖	艺术、科学	25min
课程感想分享	让大家自由分享"净水挑战"STEM 课程的收获和感想，教师启发学生总结工程设计的思路，让学生思考要如何采用方便易实现的技术来评价出家庭用水的水质	沟通	3min

CHAPTER 4
第4章

适合教育共同体的
STEM 教学课例

4.1　走进科技馆——以"制作福特 T 型迷你车"为例

4.2　走进艺术世界——以"走进艺术博物馆、走进美
术学院"为例

4.3　走进野外实践——以"鸟瞰地球"为例

4.4　走进历史遗迹——以"皇家取暖探究"为例

在学生的成长过程中，除了学校发挥教育的主体作用外，家庭、社区等对于学生的成长也发挥了同等重要的辅助作用，在本章中，将介绍适合在教育共同体中开展的STEM教学课例。教育共同体是指能够共同发挥教育功能的机构、场所等，在本章中选取了科技馆、大学、野外及圆明园等场所及机构。教师及家长在课例设计实施中，可以充分借助身边的大学、科技馆、动物园、植物园、公园等场所开展STEM教学，使学生在真实的情境中发现问题、解决问题，提升综合研究的能力。

4.1　走进科技馆——以"制作福特 T 型迷你车"为例

4.1.1　课例说明

1. 如何选题

选题的基本原则：既能满足初中学生的认知需求，又能运用科学、技术、工程和信息技术这几门学科的知识解决实际问题，实现预设目标。首先，我们来看本次制作福特 T 型迷你车的这个课题——汽车是学生们在生活中常见的交通工具，也是展现科技集成的工业品，大多数学生对于汽车是熟悉的，但对其原理是陌生的。其次，伴随着人工智能发展应用的生活化，无人驾驶逐渐成为近些年汽车应用的新趋势，学生参与无人驾驶课题的探究有利于提升他们对现有先进技术的认知及其应用的探索兴趣。

教学资源

2. 如何设计

1）课程的教育目标是什么？

本课程的教育目标是——让学生在探究中学习技术控制、材料制备以及传感器相关知识，深化对材料科学、自动控制技术、传感技术方面的认知，提升学生对未来科技发展的兴趣和想象力，树立学生的科研目标和学术理想。

2）课程涉及的核心知识有哪些？

本课程选题和内容上横跨多个学科，包括物理学、化学、材料学、信息技术、工程设计、电子技术、艺术等。

3）如何激发学生兴趣？期望学生获得什么样的收获？

引导学生了解科技的背景以及其应用前景，例如本课题可以引导学生了解无人驾驶技术，了解无人驾驶需要的硬件技术支撑、编程控制系统引导、3D 打印技术应用，从而激发学生对于科技的兴趣和想象力。

期望学生能够清晰准确地表述自己的观点，总结自己对某一问题的认识，并且与人进行良好的沟通交流，在实践中不断优化改进设计方案，最终习得工程设计理念和前瞻科研的发散性思维。

4）如何评价？

由于没有书面的考试，STEM 课程的评价方式可采用课堂表现与作品呈现有机结合的形式。比如，每次课程均设计明确评分标准的评价量表；在第 1 次课时就向学生们说明评价方法，接下来每节课均密切关注并记录学生课堂表现，给出平时课堂表现成绩；课程最后根据学生给出的作品作为成绩的重要参考。

4.1.2　课例分享

1. 课程概述

随着人工智能的应用发展，汽车的无人驾驶开始成为引人关注的热点问题。无人驾驶技术利用了视频摄像头、雷达传感器以及激光测距器等设备来了解周围的交通状况，并通过一个翔尽的地图对道路进行导航。而这一切都将通过数据中心来实现，数据中心是一个能处理与汽车运行有关的大量实时信息的智能系统。而汽车无人驾驶技术作为物联网技术应用之一，也是未来科技发展的方向，我们希望学生们能够通过课程学习和制作过程，对它有一个初步的了解；本课程利用 STEM 课程项目式学习的理

念，带领学生们在制作福特 T 型车的过程中学会工程设计的思路，熟悉基本的科研思维，同时加深对无人驾驶的认识，了解材料的相关制作流程，掌握重要的科研方法并激发研究兴趣。本次课程将结合电子编程、三维设计、3D 打印技术，横跨物理学、化学、材料学、电子学、工程设计、数学等多个学科，让学生们亲手制作出新一代的福特 T 型车，如图 4-1 所示。

图 4-1　福特 T 型车标准作品展示

课程优势：本课程既贴近生活实际，又充分与前沿科技的应用接轨，通过参与项目制作，能够让学生接触和了解 3D 打印技术在材料领域的应用，了解无人驾驶所需要的先导性条件，也能够在项目制作的参与中完成一个作品，增强学生们的获得感和满足感。

面向对象：初中学生。

学生人数：20人（2人一组，共10组）。

课程时间：课程一共分为5次课，每次课120min，每周1次课。

教学材料：控制器Arduino Nano板、排针、杜邦线、3.7V锂电池充电线、小型拨动开关、3.7V锂电池、180° 9g舵机、360° 9g舵机、超声波传感器、杜邦线（导线的一种，用于实验板的引脚扩展）、玩具车轮。3D打印的材料有：福特T型车底盘、前轮拐轴、前轮固定、转向连杆、后轮固定、超声波传感器和车壳（由学生自主设计）。

2. 课程列表

参考图4-2所示的"制作福特T型迷你车"课程框架，系列课程分为以下3个主要部分：福特T型车控制系统Linkboy编程；3D打印技术设计和制作福特T型车外壳；福特T型车的眼睛，超声波传感器的使用，如表4-1所示。

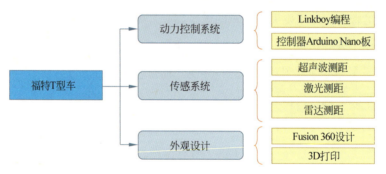

图4-2　"制作福特T型迷你车"课程框架

表4-1　"制作福特T型迷你车"课程简介

课次	课程名称	教学目标	课程简介	设计意图
第1次课	初识福特T型车	了解福特T型车的历史背景；了解无人驾驶技术实现的可能性；认识制作福特T型车所需的基本材料	首先认识福特T型车的历史背景，以及人工智能背景下的无人驾驶技术；学生查阅资料，并针对查阅到的资料展开无人驾驶可行性的讨论（例如，头脑风暴式地讨论制作一台无人驾驶的迷你车）；介绍本课程的各类材料以及可能涉及的部分电路知识	汽车的起源、发展以及无人驾驶技术所需的背景和技术支持，可以加深学生对车辆的认识；认识制作福特T型车所需的各类材料和涉及的一些相关物理知识，认识学好基础知识的重要性
第2次课	控制系统Linkboy编程	掌握Linkboy编程软件，学会设置控制器Arduino Nano板和组装底盘	掌握Linkboy编程软件的使用方法，学会利用控制器Arduino Nano板实现车辆控制以及底盘的组装	了解制作的软件核心技术，学会利用控制器Arduino Nano板和Linkboy编程实现车辆控制

续表

课次	课程名称	教学目标	课程简介	设计意图
第3次课	炫酷外壳——3D打印技术	了解3D打印技术在材料领域发挥的巨大作用；掌握Fusion 360软件的使用方法，实现自主设计外壳	介绍3D打印技术，及其背景和优势所在，引导学生学习并使用3D打印机；学习Fusion 360软件的使用方法，组织学生自主讨论设计车辆外壳，可适当介绍车辆外壳形状中的流体力学	协调能力、合作能力在这一部分会得到锻炼，在掌握科学基础知识的前提下发挥自己的想象力，同时激发学生对材料科学的热情
第4次课	智慧的眼睛——超声波感应器	掌握使用Linkboy编程软件调节超声波感应器的技巧	了解各类感应器在无人驾驶技术上的重要作用，包括视频摄像头、雷达传感器以及激光测距器等	树立对无人驾驶技术可行性的深刻认识，了解所需的各项技术支持和保障
第5次课	迷你车展与表演	为车壳绘制出绚丽的外表；迷你车展和避障测试	本次课程主要是进行避障测试，调节参数和自主设计车辆外观，为最后的车展和表演做准备	锻炼动手能力，启迪发散思维，使科学与艺术的美感相结合

3. 课程设计概述

1）第1次课：初识福特T型车

福特T型车是美国亨利·福特创办的福特汽车公司于1908年推出的一款汽车产品，直到1921年，产量占据全世界汽车产量的一半之多，被称为世纪之车。它之所以被称为世纪之车，是因为以下几项的重大革新。

（1）福特T型车首次引入生产线式的生产方式，此举不仅大大提高生产速度，而且每个部件的质量也得到了提升，有效地降低了生产成本，使汽车真正进入日常生活（图4-3）。

图4-3 世纪之车"福特T型车"外形（左图）与流水线车间（右图）

（2）福特T型车采用极简的设计，并且使用新型材料，减轻质量，采用当时先进的水冷装置，从而改善整体性能。

（3）福特T型车拥有极大的改造空间，它可以改造为客车、货车、犁地车等，由于设计得简单，使福特T型车拥有更多的可能性，也让其成为一代传奇（图4-4）。

图 4-4　福特 T 型车的改造

（4）讨论环节：学生共同探讨见过哪些样式的车，各种样式车有何优劣？提出一些问题供学生思考。例如，为什么小轿车的挡风玻璃是斜着的，而大客车的挡风玻璃是竖直的？前轮驱动还是后轮驱动谁更好？夜晚开车为什么不开灯？无人驾驶技术需要通过什么实现？

（5）评价环节：学生分组畅想一款未来的概念车，可以将自己小组的车描绘出来，并分享本小组的灵感和设计，学生互评，建议点评。

2）第 2 次课：控制系统——Linkboy 编程

课程开始之前首先带领读者认识基本硬件，认识完该项目所需的基本硬件后就要进行福特 T 型迷你车组装了。在组装之前要先学习 Linkboy 编程软件，Linkboy 图形化编程软件是一款出色的图形化编程仿真平台，可直接在软件界面模拟运行。测试程序实际运行的效果，可以更快捷地了解软、硬件结合的效果。

准备好一切后，开始进行组装。

（1）先取出控制器 Arduino Nano 板和排针，将排针的两根线分别连接到控制器 Arduino Nano 板的正极（5V）和负极（GND）上，将 3 根杜邦线分别连接到控制器 Arduino Nano 板的 D3、D4、D5 针脚上面。取出 3 头杜邦线和开关将其连接，将开关与排针的正极连接。取出另外的 3 头杜邦线与排针的负极连接。将 3 个舵机与排针、控制器 Arduino Nano 板、D3、D4、D5 针脚上的杜邦线分别进行连接。

（2）连接完以上操作后，需要用 Linkboy 软件进行编程设置与连接控制，操作步骤如下。

① 打开 Linkboy 软件，选择“专家模式”，在“模块”中选择“主控板系列”→“Arduino 主控板系列”，拖出“控制器型号 Nano”。在“软件模块系列”中选择“定时延时类”，拖出“延时器”。在“电子元件系列”中选择“马达类”，拖出 1 个“带限位角度舵机”，如图 4-5 和图 4-6 所示。

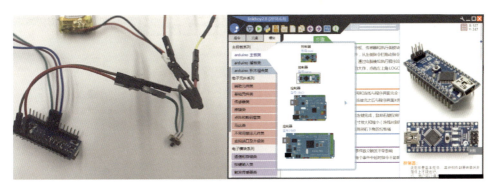

图 4-5 舵机、控制器 Arduino Nano 板和排针的连接与程序

图 4-6 Linkboy 程序编写

② 根据上文中"带限位角度舵机"连接到"控制器 Arduino Nano 板"的电路，对应着连接软件中的模拟电路。

③ 连接好电路后，编写程序。单击"控制器"，拖出弹出窗口中的"反复执行"，如图 4-7 所示。

图 4-7 反复执行

④ 单击"反复执行"左侧的三角，添加"功能指令"；单击"功能指令块"设置"舵机"→"角度"→"舵机角度 =（数量值）"，将"数量值"设置为 0，如图 4-8 和图 4-9 所示。

图 4-8　限位角度舵机

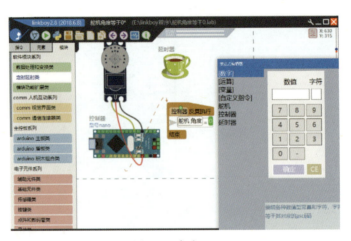

图 4-9　角度 =0

⑤ 再次添加"功能指令"模块；单击"功能指令"设置"延时器"→"延时器延时（数量值）毫秒"，"数量值"设置为 100，如图 4-10 所示。

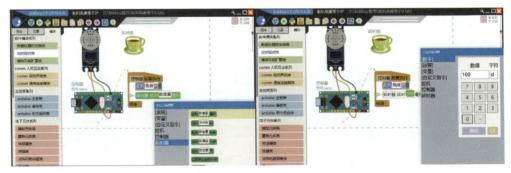

图 4-10　功能指令模块

⑥ 再将控制器 Arduino Nano 板用数据线连接计算机。

⑦ 单击 Linkboy 软件界面左上角的小人图标，在弹出的窗口中选择对应的控制器"串口号"，单击"开始下载"按钮，如图 4-11 所示。

图 4-11　程序下载和底盘组装

此时会控制前轮的 180° 舵机制动，让舵机的齿轮始终保持在 0° 的位置，而后将转向连杆用螺丝固定在舵机的齿轮上。断开数据线，将 180° 舵机放在一旁。将两个前轮固定与两个轮子用螺钉固定，而后将前轮拐轴与轮子上的前轮固定固定在一起。将固定好的前轮拐轴、转向连杆、福特 T 型车底盘组装在一起。前轮的组装完成。

（3）开始组装后轮，将后轮固定与轮子固定，而后将两个 360° 舵机固定在福特 T 型车底盘尾部。将轮子的后轮固定与舵机齿轮固定。底盘组装完成，如图 4-12 所示。

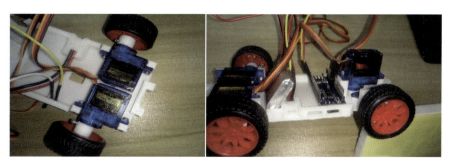

图 4-12　底盘组装展示

（4）最后将 3.7V 锂电池与两个 3 头杜邦线进行连接，有开关的 3 头杜邦线连接电池的红线（正极）。另外的 3 头杜邦线连接电池的黑线（负极）。同样的方法将 3.7V 锂电池充电线连接到两个 3 头杜邦线，红色的 3.7V 锂电池充电线连接带开关的 3 头杜邦线，黑色的 3.7V 锂电池充电线连接另外的 3 头杜邦线。

（5）对于小车的控制系统的设计，是实现无人驾驶的核心，在这部分内容当中，学生会碰到一些问题，例如有些学生的轮转动方向是反向的，遇到这些问题的时候，鼓励学生相互对比讨论，找出错误原因。

3）第 3 次课：炫酷外壳——3D 打印技术

组装完了底盘，接下来需要学习制作"福特 T 型迷你车"的外壳。将学生设计好的模型利用 3D 打印技术制作出来，然后安装到底盘上。我们使用的设计软件是 Fusion 360，这是一款 Autodesk 公司出品的三维设计软件，适合初学者和自由设计者。在设计中车壳可以分为车身和车棚两个部分，车身是与底盘连接的部分，需要按照精准的尺寸进行设计，车棚部分由学生自由发挥。

设计中第一步就是按照规定的尺寸设计出与底盘连接的车身。

（1）打开 Fusion 360 软件，在上视图中，使用"草图"中的"矩形"工具设置长为 136，按 Tab 键切换设置宽为 51，如图 4-13 所示。

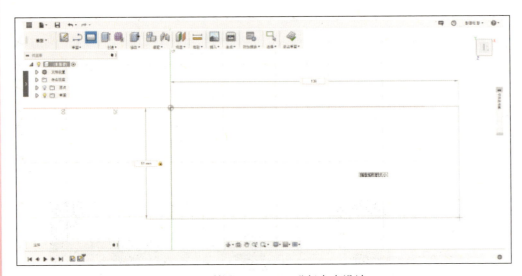

图 4-13　利用 Fusion 360 进行车身设计

（2）使用"创建"中的"拉伸"工具设置拉伸高度为 40，如图 4-14 所示。

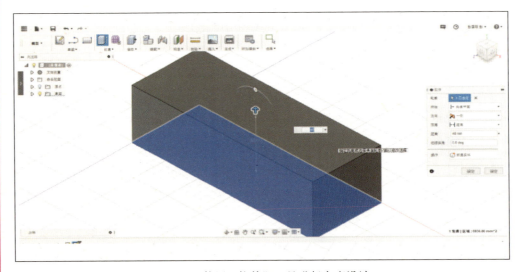

图 4-14　使用"拉伸"工具进行高度设计

（3）选中左视图的矩形平面，如图 4-15 所示。

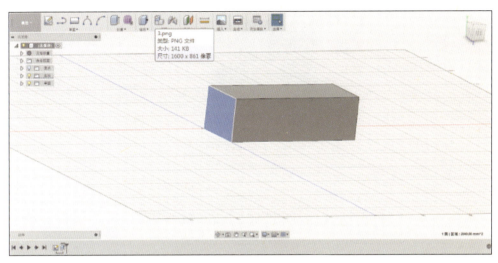

图 4-15 选中矩形平面

（4）选择"草图"中的"圆"→"中心直径圆"命令，如图 4-16 所示。

图 4-16 中心直径圆

（5）以矩形底边中点为圆心，绘制一个直径为 70 的圆，如图 4-17 所示。

（6）单击"创建"中的"拉伸"工具，选择圆形以外的部分反向拉伸，拉伸距离为 −50。注意：右侧选项板的"操作"为剪切，如图 4-18 所示。

（7）把视角转到前视图，以车头的左下角为起点，使用"草图"中的"直线"工具沿着底边作辅助线，长度为 23；以辅助线端点为圆心。选择"草图"中的"圆"→"中心直径圆"命令，绘制直径为 40 的圆，如图 4-19 所示。

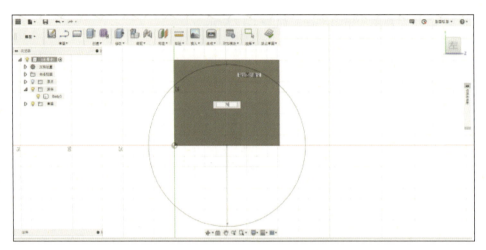

图 4-17   以矩形底边中点为圆心作圆

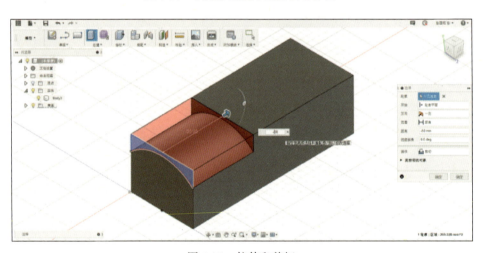

图 4-18   拉伸和剪切

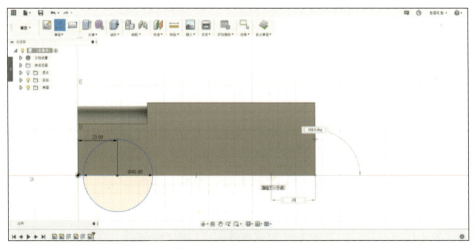

图 4-19   前视图左下角

（8）以车尾右下角为起点，使用"草图"中的"直线"工具沿着底边作辅助线，长度为25。选择"草图"中的"圆"→"中心直径圆"命令，绘制直径为40的圆，如图4-20所示。

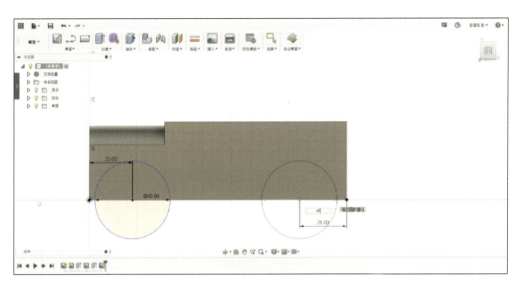

图4-20　前视图右下角

（9）在车尾的右上角，选择"草图"中的"圆弧"→"三点圆弧"命令，选中顶边第一个点的位置；再选中侧边第二个点的位置，调整圆弧的大小；然后单击确认第三个点位。注意：圆弧的大小不要超过下面1/4圆，如图4-21所示。

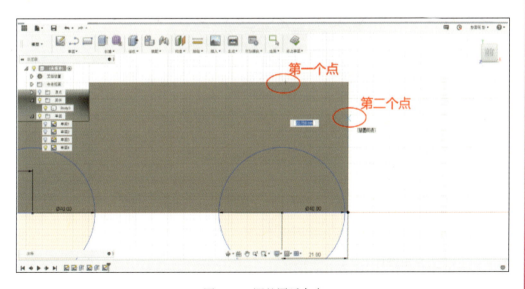

图4-21　调整圆弧大小

（10）绘制完成后，按 Esc 键，取消所有命令。使用"创建"中的"拉伸"工具选中以上绘制的两个直径为 40 的圆和"三点圆弧"围出来的面，反向拉伸，拉伸距离为 –51，如图 4-22 所示。

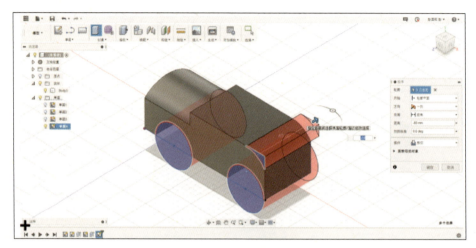

图 4-22 反向拉伸

（11）使用"修改"中的"抽壳"工具选择下视图的所有面。设置厚度为 3，如图 4-23 所示。

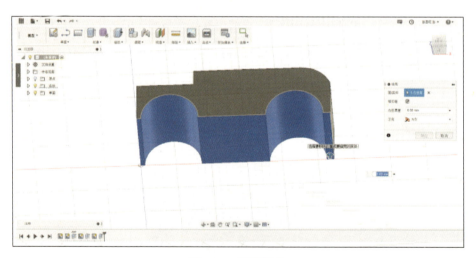

图 4-23 厚度调节

（12）在前视图，使用"草图"中的"直线"命令绘制一个车厢的外壳，如图 4-24 所示。（以下为自由设计）

（13）再画出车厢的内侧，如图 4-25 所示。

（14）绘制创意装饰，如图 4-26 所示。

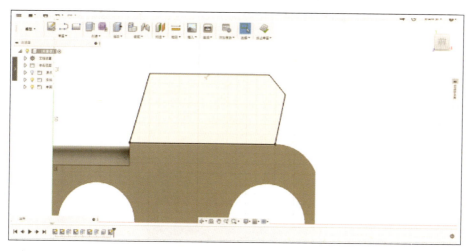

图 4-24　外壳（车棚）设计

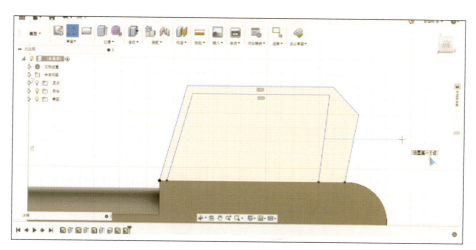

图 4-25　车厢内侧创意绘制

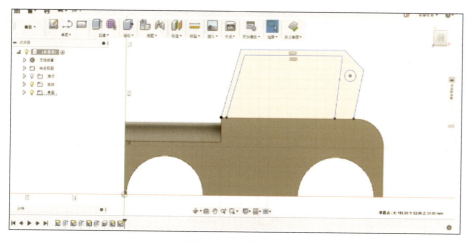

图 4-26　自主修饰

（15）使用"创建"中的"拉伸"工具选中当前的绘制面，拉伸距离为 –51；右侧选项栏中的"操作"设置为"合并"，如图 4-27 所示。

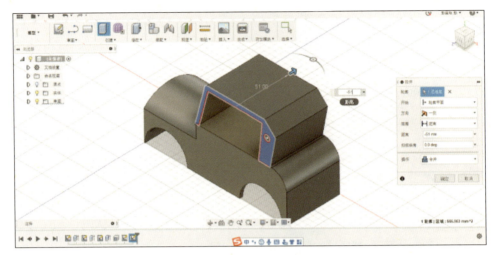

图 4-27　设计模型合并

（16）右击左侧图层中的实体，从弹出的右键菜单中选择"另存为 STL"命令就可以导出模型，如图 4-28 所示。

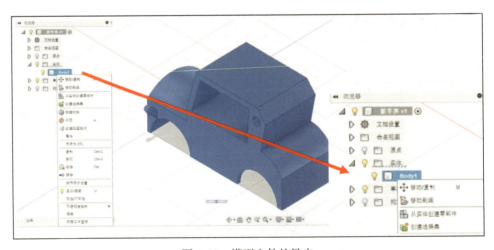

图 4-28　模型文件的导出

（17）设计完成后将模型进行切片，传到 3D 打印机中进行打印，如图 4-29 所示。

（18）完成上面的基本设计之后，可以允许学生根据自己想象的理解在原有的模型上进行调整，加入自己的设计特色。同时，注意强调模型与底盘的严丝合缝，有哪些位置是不允许改变参数的，最后在 3D 打印的过程中给学生介绍 3D 打印的原理及其与传统铸造工艺的优势所在。

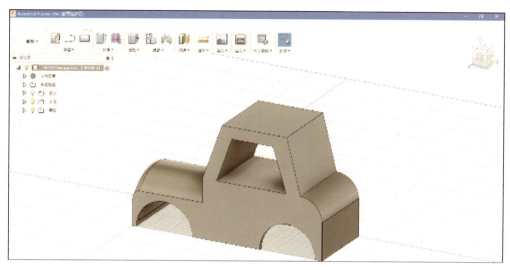

图 4-29 模型切片（3D 打印）

4）第 4 次课：智慧的眼睛——超声波传感器

福特 T 型迷你车的整体硬件到这一步就已经组装完了，不过它还是不能正常行驶。这时我们就需要用到之前学到的 Linkboy 编程软件，并加入重要传感器：超声波传感器。先将超声波传感器安装到底盘的车头前端，而后分别将超声波传感器的 5V 针脚利用杜邦线连接到排针的正极；将超声波传感器的 GND 利用杜邦线连接到排针负极；将超声波传感器的 TRIG 针脚利用杜邦线连接到控制器 Arduino Nano 板的 D6 针脚；将超声波传感器的 ECHO 针脚利用杜邦线连接到控制器 Arduino Nano 板的 D2 针脚。再将超声波传感器插在超声波固定中。

搭建完实际的电路后，在 Linkboy 中加入"超声波传感器"，并编写特定的程序达到福特 T 型迷你车自由行驶的功能。利用超声波检测距离，将信息传到控制器 Arduino Nano 板进行处理，再将前行或转向的命令传给 3 个舵机。

（1）打开 Linkboy 软件，选择"模块"→"主控板系列"→"Arduino 主控板系列"，拖出"控制器型号 Nano"。选择"软件模块系列"→"定时延时类"，拖出"延时器"。选择"电子元件系列"→"马达类"，拖出 1 个"带限位角度舵机"和 2 个"360° 连续旋转舵机"。选择"电子模块系列"→"数值传感器类"，拖出"超声波传感器（占用中断和定时器）"，如图 4-30 所示。

（2）将软件中的模拟电路按照实际的搭建电路连接起来。

（3）模拟电路搭建完成后编写程序，单击"控制器"，在弹出的窗口中拖出"反复执行"，如图 4-31 所示。

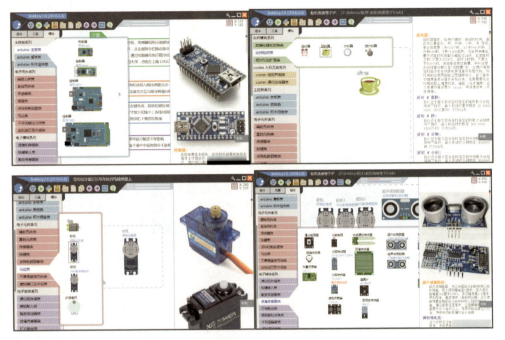

图 4-30　Linkboy 中加入"超声波传感器"

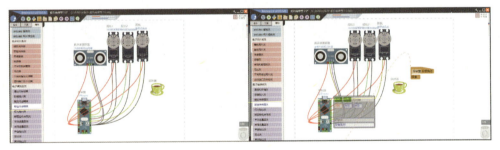

图 4-31　搭建和执行

（4）在"指令"中拖出"如果（条件量）"放到"反复执行中"，如图 4-32 所示。

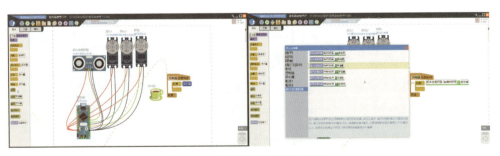

图 4-32　"超声波传感器"设置

（5）单击"条件量"设置"超声波传感器"→"障碍物距离"→"超声波测距器＞
（数量值）"，"数量值"为 150。

（6）在"如果"内添加"功能指令"，设置"舵机"→"角度"→"舵机角度＝
（数量值）"，"数量值"为 0，如图 4-33 所示。

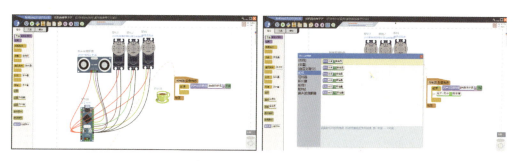

图 4-33　"功能指令"设置

（7）在"舵机角度＝（0）"下方添加"功能指令"，设置"舵机 1"→"设置转速
为（数量值）"，"数量值"为 85，如图 4-34 所示。

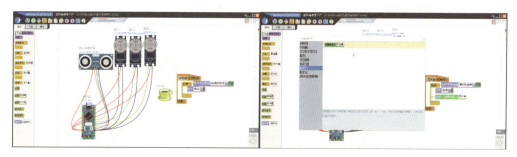

图 4-34　"舵机 1"设置

（8）"舵机 2"的设置步骤与"舵机 1"相同，将"舵机 2"的"数量值"设置
为 -85，如图 4-35 所示。

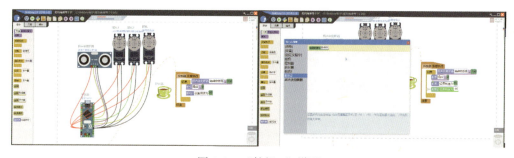

图 4-35　"舵机 2"设置

（9）在上一个模块下方添加"功能指令"，设置"延时器"→"延时（数值量）
毫秒"，"数值量"为 100，如图 4-36 所示。

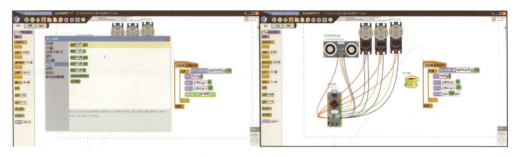

图 4-36 "延时器"设置

（10）单击"如果"模块的最下方空白的黄色块，会弹出"否则"。在否则中添加 4 个"功能指令"，分别设置"舵机角度 =30"：舵机 1 设置转速为 85、舵机 2 设置转速为 –85、延时器延时 100 毫秒，如图 4-37 所示。操作步骤与上面相同。

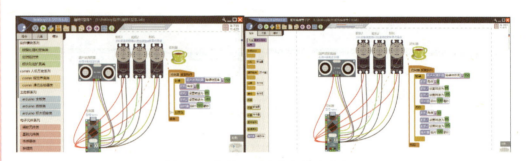

图 4-37 福特 T 型迷你车的设计设置

这样我们的福特 T 型迷你车就设计完成了。

在以上的基础上，还可以使用聚丙烯染料为自己设计的车壳绘制出绚丽的外表，组织学生分享各自小组的设计作品并互评，评选出最酷改装版福特 T 型车，车辆交给学生带回继续改装、调试参数，预备最后的迷你车展。

5）第 5 次课：迷你车展与表演

本次课注重各项性能测试、避障测试，同步调节参数和自主设计车辆外观，来一场智能福特 T 型车的迷你车展，包含迷你车性能的稳定性以及外观设计创新等。整个项目具备了以下特点。

（1）科技需求，工具使用：在这个项目的学习过程中，会对科技创新的方向和面临的问题有进一步了解，然后在学习过程中还需要运用到多种认知工具和信息资源，学生学习和了解例如超声波测距、3D 打印、Linkboy、Fusion 360 等，除此以外，还有很多技术支持无人驾驶，也需要他们勇于去了解和学习。

（2）合作沟通，注重交流：学生之间会对作品制作的过程和可能遇到的问题进行交流和讨论，并且可以以此为基础进行想象，未来如何实现无人驾驶，目前还有哪些问题，需要哪些科目的交叉融合……技术的实现仅仅依靠某一学科的知识是远远不够的，需要他们去关注多学科交叉的知识。完成作品的过程中，也需要学生们在学习活动中善于合作，与老师、同学以及涉及该项活动的所有人员相互合作，形成"学习共同体"。这也是STEM课程的精神内涵和素质培养目标所在。

4.2　走进艺术世界——以"走进艺术博物馆、走进美术学院"为例

4.2.1　课例说明

1. 课程目的

秉承清华大学附属中学"厚德自强，做博雅君子"和"让每一位同学都能以最适合自己的方式成长"的学生发展理念，清华大学附属中学学生发展中心与美术教研组联合开发了"走进艺术博物馆、走进美术学院"的综合课程。课程的培养目标：首先，满足乐于研修艺术的学生的需求，提高学生的艺术修养；其次，培养一批乐于投身艺术相关活动的社会公益志愿者，修身益己、回馈奉献；最后，尽量把学问真正做深、做精，理论与实践结合，将各个领域的知识融会贯通。我们希望通过开创这项以"美育"为立足点的综合课程，充分提升新时代中学生的综合素养。

本门课程的研发是清华大学附属中学在艺术教育方面一个全新的探索，作为清华大学附属中学"三走进"课程之一，本课借助清华大学附属中学和清华大学优越的资源条件，将课堂设置到清华大学艺术博物馆的各个展厅和清华大学美术学院的各个创作实验室，直接面对展品进行理论讲解，再以创作实践验证理论。

教学资源

2. 资源分析

1）清华大学艺术博物馆资源

展品资源：目前艺术博物馆的展览基本稳定在5个馆藏展、2个当代综合艺术流动展的格局。其中馆藏常设展为历代字画、明式家具、绣片织锦、陶瓷、青铜器等，艺术史价值和中国传统文化价值极高；流动展一般为当代国内、国际知名艺术家作品展，具有较强的时代性和前沿性。以上展厅可以作为本课程的艺术鉴赏课堂。其中的历代字画展厅以时间顺序再现了历代书画艺术的发展梗概；明式家具展厅则为学生提

供了中国传统卯榫结构的类型和结构原理、比例与美感的关系、木材处理方式、明清室内家具陈设概况等方面的内容。在绣片织锦展厅，学生们可以了解到不同地域和流派织锦的特点与风格等。陶瓷课堂涉及了中国陶瓷艺术发展史、陶瓷制作手法衍变、不同窑种的风格型制、釉变等内容。

交流资源：清华大学艺术博物馆的机构设置里包含展览策划部、学术研究部、公共教育与对外关系部等。

展览策划部涉及博物馆内的展览策划、格局设计、观众体验、展品范围定位等相关工作。如有需要，师生在某些课程中可以寻求其帮助，比如根据已经成型、在展状态的展厅给学生实地讲解展厅或展品陈设从最初的构想到效果的呈现，再到实际体验等方面的不断改进，甚至布展过程中各方部门的协调对接等内容。

学术研究部和公共教育部等则涉及对馆藏展品、艺术家个案、博物馆社会责任等方面的学术研究，师生可以借助其展览导览服务资源，进行博物馆志愿服务的训练培养。

2）清华大学美术学院资源

各系、工作室资源：美术学院系别丰富，包括造型专业中的国画、油画、壁画、版画、雕塑和设计专业中的工业设计、环境艺术、视觉艺术传达、陶瓷、纤维、玻璃、漆画、信息艺术等系别，此外还有美术史系。硬件上，这些专业都能与艺术博物馆的展品或藏品相对应，而且都配备着非常成熟、独立且设施完备的工作室，可以提供本课程实践场所。

教师资源：在清华大学附属中学本校美术教师和美术学院各实验室教师的基础上，增加招募美术学院优秀的在读研究生做助教，优化教师构成，达到更好的教学效果。比如，在博物馆讲解课堂上，聘请美术史论系的在读研究生担纲课堂导师。

3）清华大学美术学院继续教育学院资源

清华大学美术学院继续教育学院主要开发各类艺术进修课程，在一定的范围和规模上可以提供教学实践条件。

3. 课程设置方式

理论与实践相结合，按专题设置课程。以陶瓷专题为例，第一周先在艺术博物馆带领学生进行现场授课，作比较深入的理论学习。第二、三周再在美术学院陶瓷系工作室进行创作实践、烧制作品，收获课程成果。

引导式教学与自主性创作相结合。在教学引导的基础上充分发挥学生的自主创造力，给予学生宽松的创作选择空间。甚至在课程结束时，鼓励学生进行自主的课程成果展览策划。

4. 课程涉及的知识范围

本课程虽然以艺术为主题，但在内容上却涉及诸多学科，比如历史学、文学、化学、地理学、物理学、建筑学、数学、计算机科学等。这些领域的知识与初一学生的学习范围相呼应，能够作为学生知识拓展的途径将艺术有机地融入 STEM 课程体系中。再以陶瓷艺术课程为例，在艺术博物馆课堂上，学生需要从原料的产地、配比、窑址、风格样式、成型手法、釉彩类型、烧造温度、时代审美趣味等多个方面进行对比考查；而在陶瓷工艺实验室里，学生需要融汇个人的审美体验，将前面的知识内容通过综合手段物化为一个实在的作品。由此可见，本课题中的任何一个专题都是横跨多个学科的。

5. 问题预设

1）如何激发学生的兴趣？

在课程初期，带领学生全面参观美术学院的各专业工作室，现场观摩美术学院师生的作品创作过程和展陈成果，让学生观察总结创作成果的多种可能性、探讨作品生成过程中的多学科科学原理，扩展知识难度。结课时，鼓励学生自主策划作品展览形式和最终呈现效果，同时利用作品展览形式和最终呈现效果，在过程中激发学生的自我肯定和成就感。

2）如何扩展学生创作思维，打破固定模式？

首先，在观摩传统中融汇现代创作手法、现代对传统的转化等相关的创作理念。其次，在课程中穿插与相应课程相关的现当代卓越艺术家的作品，讲解他们不同的创作手法和立脚点。最后，在创作中敦促学生立足传统的同时，尊重、引导学生的兴趣点和审美喜好，启发他们适当转化传统、重构传统的创新意识。使学生逐渐具备以新的视角来观察世界、理解世界的能力。

3）如何评价学生？

首先，本课程注重创作过程中的艺术思维开发，因此，如何将从传统艺术中汲取的知识合理地运用、转化为自己的作品成为重要的评价点；其次，积极的课堂思考和表现也是指标之一；最后，在课程汇报阶段以及筹备作品展览的过程中，是否具备较强的合作意识和组织能力以及学生作品的最终呈现效果也被列为本课的考查标准。为此，我们为每个主题的课程均设计出相应的评价量表。

6. 实践反思

艺术类课程的特点是"形散而神不散"，既要照顾到学生天马行空的思维多样性，又要紧紧把握住课题的核心，解决目标问题。因此，在课程的实施过程中，不可避免地会面临一些问题：比如，如何掌控课堂、合理引导就显得尤为重要。同时，考虑到学生的年龄阶段，最好在课程中能够了解到与主题相关的跨学科内容，所以如何引出课题、如何进行学科融会贯通就显得非常重要。

面对课程中需解决的问题和需求，教师一方面积极与美术学院相关专业教师讨论请教，另一方面积极备课，查阅资料，力求将涉及的相关艺术类型的历史渊源、时代背景、风格演变、跨学科知识点等巧妙地融汇于课堂中。例如，在高比林壁毯织造的课程中，为了让学生更全面地了解高比林编织艺术的由来和发展，教师在课程介绍阶段系统地提供了该壁毯织造技术在法国宫廷及其后世改良的图片及历史，以图文并茂的形式进行展示。由于各种因素的限制，学生们所掌握的技法更偏向于平面化的编织技术，使某些期望作品中略带立体因素的学生受到了限制，鉴于此，教师在美术学院专业教师的帮助下，通过各种办法解决疑难，在此过程中让学生收获克服困难、达成目标的满足感和自信心。另外，由于羊毛线的可收缩性，在作品编织过程中，毛线的致密程度和松紧等物理性质都直接地影响了作品的完成效果，所以如何合理地掌控编织力度也成为该课非常重要的研究内容，为此学生们均通过了多次的试验才在教师的指导下逐渐掌握。

通过课程的实施，教师注意到学生主动意识的重要性，所以如何提高学生主动探讨、互相借鉴的积极性成为课程开发的重点。为此，教师在每节课堂上都会将学生进行分组，便于小组内进行方案设想的讨论，力图使每个人的创作成果更加接近自己的创作意图。

4.2.2　课例分享

1. 课程概述

艺术课程在现代教育教学体系中对学生健全人格的建立和综合素养的提升日益重要。为更好地实现育人目标，本课程将带领学生们在多个学科领域内渗透交叉，力图更有效地开拓学生思维和知识面。

本课程以专题性质开设，将艺术博物馆主题展厅与美术学院相关实验室对应，整个课程最初设计共有 7 个专题，涉及陶瓷、染织、雕塑、绘画等多个专业领域。力图使初一年级的 20 位学生在学年结束时不仅掌握一定的艺术鉴赏理论，同时还积累丰富的个人原创作品。

课程实施：在课程具体的实施过程中，根据美术学院教学的安排将内容进行了略微的调整。课程包含了七大单元、10 个专题的内容，具体为陶瓷、织绣、扎染、信息艺术动态捕捉、手工造纸、宫灯制作、金箔画、手工竹扇、数字雕刻、铜板珐琅等。

面向对象：初一学生。

学生人数：20 人。

课程时间：每周一次，每次课 90min。

教师配备：清华大学附属中学美术教师、美术学院实验室管理员教师、美术学院各系在读研究生助教。

2. 课程列表

为了保证课程的顺利实施，教师在学期前就做好了详细的课程预期规划，如表 4-2 所示。

表 4-2　课程预期规划表

周	课程名称	课程内容	教员	备注
第 1 周	参观艺术博物馆（场馆解说学习）	（1）在导览员的带领和帮助下参观场馆，对艺术博物馆功能、藏品分类、内部结构等进行大概的了解；并确定自己感兴趣担任义务讲解员的展厅。 （2）通过导览员和教师的讲解对各个展厅里的展品有初步的美术史方面的了解，学会讲解藏品的基本方法、程序等。 （3）由馆方或者教师给出一定量的藏品文本资料、美术史书籍资料范围，学生在该学期结束前需要认真学习并吸收理解	馆方讲解员、清华大学附属中学美术教师、美术学院助教等	
第 2 周	专题 1　陶瓷艺术	馆内学习： （1）提前给每位同学备好多维度知识点的任务单。入馆后首先在教师、解说员、选择该展厅为志愿讲解员的学生的带领下，深入学习各个时期、不同地域陶瓷艺术的传承和演变、陶土与釉料等材料在烧制过程中的各种变化原理等。 （2）在过程中需要对重点展品进行深入的课堂探讨，比如鉴别釉色的特征、时代风尚、器型、艺术特色、图案装饰等，做好笔记、现场写生，完成任务单		

续表

周	课程名称	课程内容	教员	备注
第3周 第4周	专题1 陶瓷艺术	实践体验学习： （1）第1周进入美术学院陶瓷艺术设计系工作室进行陶瓷创作体验，由易入难进行，如泥条盘筑、拉坯、捏塑等工艺（器型宜简单实用）。 （2）第2周上釉实践，在上周做成的陶坯成品中挑选两个施釉，进而制成瓷器，对比釉料、陶土在高温烧制前后的异同。并回顾、探讨原理（学期结课时做汇报展览）。 （3）教师和学生讲评、建议、总结		也可考虑小组合作方式进行复杂创作
第5周	专题2 明式家具	馆内教学： （1）提前准备好以卯榫结构的特征和原理为主要内容的任务单。入馆后首先在教师、解说员、选择该展厅为志愿讲解员的学生的带领下，深入研究明代各个时期家具的传承和演变、卯榫结构的独特优越性等内容。 （2）在参观过程中需要对重点展品进行深入的课堂探讨，比如比例特征、时代风尚、型制比例、艺术特色、卯榫结构的拼装方式、家具布置与礼制的关系等，做好笔记、现场写生，完成任务单		
第6周 第7周		实践体验学习： （1）利用两周时间进入美术学院环境艺术设计系木工艺实验室（继续教育学院、校内外艺术工作室、清华大学附属中学工艺实验室）在实验室指导教师的指导下进行木制家具或者木结构创作体验，由易入难进行；复制卯榫结构模型、木质家具模型、建筑模型等，完成学习成果。 （2）教师和学生点评、互评、总结		
第8周	专题3 织锦	馆内教学： （1）事先设计好任务单并下发，入馆后首先在教师、解说员、选择该展厅为志愿讲解员的学生的带领下，深入研究中国古代各个时期、地域织锦绣片的风格、传承和演变。 （2）学习过程中需要对重点展品进行深入的课堂探讨，比如地域特质、配色习惯、针法技艺、图案样式、阶层礼法等各方面进行研究，做好笔记、现场写生、复制		
第9周 第10周		实践体验学习： （1）利用两周时间进入美术学院纤维艺术系实验室或者染织服装艺术设计系工作室（继续教育学院、校内外艺术工作室）在实验室教师的指导下进行纤维编织、针织、服装裁剪等创作体验。 （2）教师和学生讲评、互评、总结		

续表

周	课程名称	课程内容	教 员	备 注
第11周	专题4 雕塑	清华大学校内雕塑考察： （1）提前设计好学习任务单以艺术博物馆的室内外陈列之铜镜展厅、雕塑作品为中心，扩展至清华大学紫荆雕塑园等范围，进行清华大学校内的雕刻艺术考察。 （2）内容上：在教师的带领和讲解下，了解东西方传统雕塑的形态异同、衍变、材料的创新、金属铸造和锻造工艺流程、化学加热着色的化学反应原理以及科技等生产技术对现当代雕塑艺术的影响等，了解公共环境与雕塑、建筑的关系，最后完成学习任务单		
第12周		实践体验教学： （1）进入美术学院雕塑系工作室（继续教育学院、校内外艺术工作室）进行雕塑创作体验，创作内容可以是肖像等，可以用分组合作的方式组织教学（学期结课时作品可做汇报展览）。 （2）了解雕塑的种类、材质以及相应的制作手段、原理等知识。可重点讲解或视频演示化学着色的内容。 （3）教师和学生讲评、互评、总结		
第13周				
第14周	专题5 青铜器	馆内教学： （1）首先以馆藏青铜镜、青铜制品为引入点，在教师、解说员、选择该展厅为志愿讲解员的学生带领下，深入研究中国古代各个时期、地域青铜器的风格、历史和艺术价值、礼制传承等。 （2）在学习过程中需要对重点展品进行深入的课堂探讨，比如地域特质、纹样变化、阶层礼法等各方面进行研究，做好笔记、现场写生、复制		
第15周		实践体验教学： （1）利用两周时间进入美术学院金属工艺设计系工作室（继续教育学院、校内外艺术工作室）进行金属（首饰、铜片装饰浮雕等）创作体验，可以分组合作（作品学期结课时可做汇报展览）。 （2）点评、互评、建议、总结		
第16周				
第17周	专题6 中国古代书画	馆内教学： （1）事先准备好学习任务单，入馆后首先在教师、解说员、选择该展厅为志愿讲解员的学生的带领下，深入研究、鉴赏中国古代各个时期、各个画种、书体的历史和风格特征及艺术价值等。 （2）对重点展品进行深入的课堂探讨，现场写生、复制、临摹等，完成任务单		
第18周		实践体验教学： （1）利用两周时间进入美术学院中国画系工作室（继续教育学院、校内外艺术工作室）进行国画、书法创作体验（学期结课时作品可做汇报展览）。 （2）点评、互评、建议、总结		
第19周				
第20周	期末	（1）学期成果展示：展览自主策划、作品展布展。 （2）博物馆义务讲解员考核展示		

　　除此之外，为预防某些原因导致的课程变故，教师还准备了若干补充、备选课程，内容如表4-3所示。

表4-3　补充、备选课程

周	课程名称	课程内容	教员	备注
第1周	专题7　当代作品展（博物馆每隔一段时间会做不同的专题展览，质量较高，每年有多次）	馆内教学： （1）首先在教师、解说员的带领下深入研究、鉴赏各个展览，对展品的风格、流派的渊源、发展、对后世的影响进行梳理。 （2）对重点展品进行深入的课堂探讨，现场写生、复制、临摹等	馆方讲解员、美术教师、美术学院助教等	
第2周		实践体验教学： （1）根据不同的展览品类，进入美术学院相应的专业工作室进行创作实践体验，以油画展为例，利用两周时间进入美术学院油画系工作室（继续教育学院、校内外艺术工作室）进行油画创作体验（学期结课时作品可做汇报展览）。 （2）如果是设计展，如交通工具设计、动画设计等除美术学院相关实验室之外还可以增加机械工程系、汽车系、材料系的参观学习课程。 （3）讲评、互评、建议、总结		
第3周				
第4周	毕业展（美术学院每年5月至6月都会有4批次的毕业展）	馆内教学： （1）首先在教师、解说员的带领下参观各个展览，在后两周的实践课中可以对接各个实验室。 （2）对重点展品进行深入的课堂探讨，现场写生、复制、临摹等		
第5周		实践体验教学： （1）可选择之前没有涉及的、学生感兴趣的艺术种类进入相关专业实验室创作体验，利用两周课时间完成作品。 （2）讲评、建议、总结		
第6周				

　　注：①按照上面的课程时间安排，加上备选课程，除去假期放假、期中期末等考试周等因素，足够一学年的课时量，符合课时要求。

　　②各专题在理论学习时可以设置环节，尽量多地锻炼学生的解说能力。

3. 课程结构图

　　结合课程计划和后期的教学实际，经与美术学院、艺术博物馆最终协商确定本课程结构主要由七大单元组成，内容如图4-38所示。

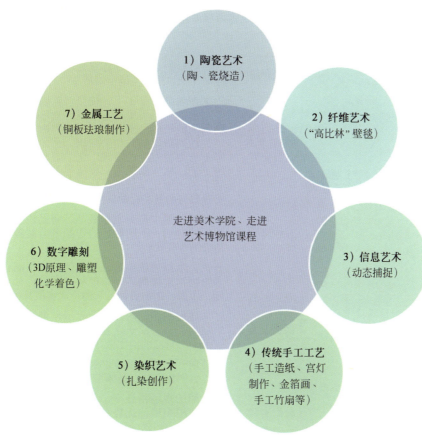

图 4-38 走进美术学院、走进艺术博物馆课程结构

注：本图及文章以下内容将不对课程前两周的艺术博物馆和美术学院各系工作室的统览参观进行详细介绍说明。

4. 课程设计

1）陶瓷艺术课程设计

概述：该单元涉及的是与陶瓷艺术相关的内容，通过艺术博物馆的常设展览——"晚霞余晖"历代陶瓷专题展，了解中国陶瓷的发展史以及不同时期的制作工艺、装饰手法等方面的知识。随后，利用两周的时间在美术学院陶瓷艺术实验室尝试利用泥条盘筑和泥板拼贴的不同手法完成了两件作品。

课程准备：按每组 4 人进行分组，共 5 组。艺术博物馆参观课需提前准备好 20 份参观任务单。实践课程需要准备每人两块陶泥、陶塑刀每组一套、水盆 5 个、细泥浆 5 份、木直尺 5 根、大木托盘 2 个。

教学过程：陶瓷艺术课程单元的教学过程如表 4-4 所示。

表 4-4　陶瓷艺术课程单元的教学过程

课程单元	时间	章　节	环　节	课堂内容
陶瓷艺术	第1节	主题展览参观学习	展览介绍	教师将整个展览的展陈规划、布局向学生们做详细介绍，使学生能够对展览进行宏观地把握
			顺序参观、学习研究	学生在教师的带领下，按照展陈顺序和中国陶瓷艺术的发展历史进行参观，学习讨论关于陶瓷艺术的历史演变、技法变化等内容；同时又要关注到跨学科的相关知识，比如烧制过程中陶土与釉料发生的物理、化学变化，不同釉彩的工艺、化学原理等；教师详细讲解瓷土、釉料中的主要化学成分，比如氧化硅、三氧化二铝等参与的各类化学反应
			总结讨论	在参观过程中记录重点展品，完成任务单，总结不同时期、不同窑址的作品审美差异，尝试初级的陶瓷赏析
			作业	选择艺术博物馆中最感兴趣的一件作品，从艺术博物馆讲解的各个角度将其介绍给自己的父母，作为"小小讲解员"的一次实战练习
	第2节	泥条盘筑	课题引入	教师通过视频、图片等的展示，讲解泥条盘筑的基本技法，使学生基本了解器型成型的大致效果，为自己的创作做好基本的铺垫
			现场演示	教师通过示范，逐步讲解泥条盘筑器型的材料准备、创意设计、具体工艺、调整装饰等流程
			分组实践	在教师的现场指导下，独立设计完成作品的创作，利用小组的优势在创作中展开讨论，相互评价，提出建议，调整完成
			作品展示，自评、互评	学生将作品放置在木托盘上，等待晾干、上釉、烧制，教师组织集体展示，相互学习，总结经验
	第3节	泥板拼贴	课题导入	教师通过视频、图片等的展示，讲解泥板拼贴的基本技法，使学生基本了解器型成型的大致效果，为自己的创作做好基本的铺垫
			现场演示	教师通过示范，逐步讲解泥板拼贴器型的材料准备、创意设计、具体工艺、调整装饰等流程；重点讲解陶塑刀的使用，泥板接口的倾斜角度、粘贴方法等方面的内容
			分组实践	在教师的现场指导下，独立设计完成作品的创作，仔细体会利用泥浆粘贴泥板的工艺手法；将上周和本周的作品统一上釉，完成烧制，体会化学反应的前后惊艳变化；利用小组的优势在创作中展开讨论，相互评价，提出建议，调整完成
			作品展示，自评、互评	学生将作品放置在木托盘上，等待晾干、上釉、烧制，教师组织集体展示，相互学习，总结经验

　　三周的课程，让学生在一定程度上实现了知识与技能的综合素养提升。从中国古代陶瓷史到当代陶瓷发展状况、从传统制作工艺到新技术的不断变革，均体现了该课程构架的立体性。从学生们的学习成果来看，本课程达到了预期的效果。部分成果如图 4-39 和图 4-40 所示。

图4-39　陶瓷工作室参观体验

图4-40　学生作品

2）纤维艺术课程设计——"高比林"壁毯

概述：本课属于美术学院工艺美术系纤维艺术的课程内容之一，"高比林"是法国传统壁毯制造工艺，具有悠久的历史。本课旨在通过学习最基本的"高比林"编制技术，锻炼学生的艺术设计能力和动手能力。

学生们以参观艺术博物馆的历代绣片展为起点，逐步了解织绣工艺在古今中外日常生活中的广泛应用及艺术价值。随后四周，学生们在美术学院纤维艺术实验室利用"高比林"这一法国传统手法编制一块属于自己的壁毯。

课程准备：博物馆织绣展厅参观课需提前准备好20份参观任务单；实践课程需要准备各色羊毛线足量、粗棉线一捆、不锈钢叉20个、10cm宽纸板20张、木框绷子（60cm×50cm）20个。

教学过程：纤维艺术课程单元的教学过程如表4-5所示。

表4-5　纤维艺术课程单元的教学过程

课程单元	时 间	章 节	环 节	课 堂 内 容
纤维艺术	第1周	参观艺术博物馆织绣主题展览	展览介绍	教师将整个展览的展陈规划、布局向学生们做详细介绍，使学生能够对展览进行宏观的把握
			顺序参观、学习研究	学生在教师的带领下，按照展陈顺序和织绣艺术的发展历史进行参观，深入研究中国古代各个时期、地域织锦绣片的风格、传承和演变等；对重点展品进行深入的课堂探讨，比如地域特质、配色习惯、针法技艺、图案样式和寓意、阶层礼法等各方面进行研究，做好笔记、现场写生、复制
			总结讨论	在参观过程中做好记录，完成任务单，总结不同时期作品的审美演变；就具体问题与教师、学生展开讨论，答疑解惑
			作业	选择艺术博物馆中最感兴趣的一件作品，从艺术博物馆讲解的各个角度将其介绍给自己的父母，作为"小小讲解员"的一次实战练习

续表

课程单元	时间	章节	环节	课堂内容
纤维艺术	第2~5周（共4周）	"高比林"壁毯编织	课程准备	教师首先讲解"高比林"的前世今生，介绍材料、工具的使用规则、图案设计方法及编织成型技术等方面的内容，使学生基本了解创作方法和步骤；师生交流，解答疑问
			课堂演示	教师边讲解边演示，重点讲解起线、接线的方法、毛线编织穿插的规律以及花色的搭配和造型方法
			创作实践	学生在教师的现场指导下独立创作，教师随时解答，排除学生遇到的难题
			总结展示	作品完成，教师组织展示交流，学生总结创作过程的难点，相互提出建议，总结经验

由于平时较少接触到毛线这种材料以及"高比林"编织技术的复杂性，本板块是学生们付出心力较多的课程之一。随着作品效果的逐渐呈现和优化，一部分学生甚至主动要求增加开课数量，力争作品的完美。学习体验及学生作品如图4-41和图4-42所示。

图4-41　在"高比林"工艺实验室学习体验　　　图4-42　某学生的"高比林"编织作品

3）信息艺术课程设计——动态捕捉

概述：动态捕捉对学生们来讲是一个全新的事物，结合美术学院动画场景模型展览室的参观，美术学院信息系教师在两周的时间里详细介绍了电影特效和动画片的现代动态模拟技术，邀请学生体验现代信息技术下动态成型的过程，再现现代影片的动态制作手法。使学生们真正认识到科技是第一生产力的内涵。

课程准备：动态捕捉课程相关内容任务单20份，动态捕捉感应服一套。

教学过程：信息艺术课程单元的教学过程如表4-6所示。

表 4-6 信息艺术课程单元的教学过程

课程单元	时间	章 节	环 节	课 堂 内 容
信息艺术	第1周	动画场景模型展览室参观	展览介绍	教师介绍模型制作的作用、材质、步骤等方面的知识；重点介绍相关材料的剪裁、组合、比例测量、沙盘造型等
			教师制作演示	教师展示常见材料的加工制作工艺以及基本的场景搭建步骤等
			分组实践	学生以组为单位，合作完成一个简单的动画场景模型搭建；过程中要体现合作精神，集思广益
			展示总结	教师组织展示5件作品，以组为单位进行互评，将自己在制作作品中的经验传递给其他组的学生，互相启发
	第二周	动态捕捉体验	引出话题	教师通过动画电影的播放，引导学生观察电影中复杂动态的运动状态，提出传统动画电影手工绘制的复杂性和效率较低的缺点，从而引出话题
			原理讲解	教师展示动态捕捉装置的工作原理
			学生体验	学生穿好特质服装，在规定区域内做一系列的复杂动作，体验计算机动态捕捉的乐趣
			学生作业	以文字的形式总结课程感想和启发

动态捕捉体验课程给学生们带来了巨大的震动，让学生深刻地感受到科学技术对现代生活各个方面的推动作用。由于与他们平时感兴趣的动画、电影密切相关，所以他们在体验过程中非常的积极踊跃。课程体验如图4-43所示。

图 4-43 "动态捕捉"课程体验

4）传统手工工艺课程设计

概述：本单元课程共包含了参观明式家具展；手工造纸；宫灯制作；参观"营造法式"中国古代建筑展；金箔画制作；手工竹扇6个主题的内容。课程内容均为中国传统工艺，使学生们更好地了解、体验了中华民族文化的璀璨。

课程准备：本单元需准备任务单两期，每期20份，分别关于明式家具展专题和古代建筑展专题。另需纸浆、木条、铜丝、电池、简易线盒、宣纸、毛笔、木框滤纸筛、石膏粉、水盆、金箔、骨胶、竹篾等材料。

教学过程：传统手工工艺课程单元的教学过程如表4-7所示。

表4-7　传统手工工艺课程单元的教学过程

课程单元	时间	章节	环节	课堂内容
传统手工工艺	第1周	参观明式家具展	展览介绍	教师将整个展览的展陈规划、布局向学生们做一个详细介绍，使学生能够对展览进行宏观的把握
			顺序参观、学习研究	学生在教师的带领下，按照展陈顺序和明式家具的发展历史进行参观，深入研究中国明代不同家具样式的风格、传承和演变等；在参观过程中对重点展品进行深入的课堂探讨，比如官帽椅、几案、卯榫结构等代表展品；做好笔记、现场写生
			总结讨论	在参观过程中做好记录，完成任务单，就具体问题与教师、学生展开讨论，教师答疑解惑
			作业	选择艺术博物馆中最感兴趣的一件作品，从艺术博物馆讲解的各个角度将其介绍给自己的父母，作为"小小讲解员"的一次实战练习
	第2周	手工造纸	课程导入	教师通过展示相关资料，介绍中国造纸的历史，展示宣纸的材料加工、制作工艺、应用范围及其重要意义
			课堂演示	教师边讲解边演示手工造纸的材料加工，个性化定制、制作流程，以及过程中的失误弥补措施等内容
			创作实践	学生在教师的现场指导下独立体验，根据自己的设计进行原料的搭配；教师着重强调筛浆部分的规范操作，组织纸张的烘制过程，随时解答排除学生遇到的难题；待烘制完成，学生可以利用毛笔等工具进行国画作品的绘制
			总结展示	作品完成，教师组织展示交流，学生总结创作过程的难点和经验，取长补短
	第3周	宫灯制作	课程导入	教师通过介绍中国古代宫灯的样式和围绕宫灯开展的各种活动、仪式的发展变化，展示宫灯在丰富古代人们日常生活的重要意义，它的存在和发展在一定程度上显示了人们不断变化的文化追求和审美意趣
			课堂演示	教师分步骤展示讲解宫灯制作的材料加工、组装方法，在张贴宫灯四周围纸时要着重演示，并讲解描绘的图案要根据不同型制、用途的宫灯设计不同图案的装饰
			创作实践	学生在教师的现场指导下独立创作，根据自己的设计进行宫灯框架的搭建、装饰图案的绘制、线路的安装，直至作品完成
			总结展示	作品完成，教师组织展示交流，学生展示自己的创作意图和设计点，互相提出修改建议，促进学生的共同进步

续表

课程单元	时 间	章 节	环 节	课堂内容
传统手工工艺	第4周	参观"营造法式"中国古代建筑展	展览介绍	教师将整个展览的展陈规划、布局和中国古代的基本建筑样式、结构特征向学生们做一个详细介绍，使学生能够首先从理论上对中国传统建筑样式在世界建筑史上的地位和独特性有一个明确的概念
			顺序参观、学习研究	学生在教师的带领下，按照展陈顺序和中国建筑样式的发展历史进行参观，深入研究中国古代的建筑风格、传承和演变等；借助展馆中的各类型卯榫结构模型、建筑屋顶、梁柱等互动模型研究中国古代建筑的独特性，学习古人智慧，传承经典；学生在学习过程中，须认真记录、仔细对比，完成任务单，对重点的展品或自己感兴趣的部分进行描摹研究
			总结讨论	在现场与教师、学生交流讨论，就目前中国的建筑现状展开自由探讨，提出自己的见解
			作业	选择艺术博物馆中最感兴趣的一个建筑样式，从艺术博物馆讲解的各个角度（型制、年代、结构特征、功用优势等）将其介绍给自己的父母，作为"小小讲解员"的一次实战练习
	第5周	金箔画制作	课程导入	教师通过视频和图片介绍中国传统金箔画的产生、发展、成熟以及今天金箔画的应用范围，拉近学生与金箔画的距离，逐步建立起学生制作金箔画的兴趣
			课堂演示	教师分步骤讲解展示金箔画的制作过程：石膏底板的浇制—打磨—以毛笔蘸骨胶绘制图案做底—张贴金箔—刷除多余金箔—赋彩
			创作实践	学生在教师的现场指导下独立创作，根据自己的设计意图进行金箔画制作，每人可做两件作品
			总结展示	作品完成，教师组织展示交流，学生展示自己的创作意图和设计点，互相提出修改建议，共同进步
	第6周	手工竹扇	课程导入	教师通过视频和图片介绍中国传统竹扇的发展脉络以及各类型竹扇的功用和审美意趣
			课堂演示	教师分步骤展示讲解手工竹扇的制作过程：竹篾劈制—圈型—手柄制作—张贴纸张—绘制—赋彩
			创作实践	学生在教师的现场指导下独立创作，根据自己的设计意图进行手工竹扇的制作和图案绘制
			总结展示	作品完成，教师组织展示交流，学生展示自己的创作意图和设计点，进行自评、互评

　　此课程单元涉及了多种形式的中国传统工艺的内容，对"非遗"文化在中学生中的传播起到了一定的积极作用。学生作品如图4-44所示。

图 4-44 "金箔画"课程的学生作品

5）染织艺术课程设计——扎染

概述：本课程的内容为染织工艺中的扎染课程。扎染是中国民间传统而独特的染色工艺。扎染工艺分为扎结和染色两部分，它是通过纱、线、绳等工具，对织物进行扎、缝、缚、缀、夹等多种形式组合后放入加热后的植物染料中进行染色。织物在染色时部分结扎起来使之不能着色，形成丰富多变甚至意想不到的色彩效果。

课程准备：本课程需准备棉布每人 2~3 块，皮筋、木夹、煮锅各 3 个，不同颜色的植物染料原料 3 种（红、黄、蓝），晾衣竿等。

教学过程：染织艺术课程单元的教学过程如表 4-8 所示。

表 4-8　染织艺术课程单元的教学过程

课程单元	时间	章节	环　节	课堂内容
染织艺术	第 1 周	扎染	课程导入	教师通过作品实物展示扎染作品的不同样式，讲解扎染的染色原理，介绍植物染料的原料组成
			课堂演示	教师按步骤演示扎染的步骤和方法，其中捆扎的方式决定不同的染色结果是重点的介绍内容；教师捆扎完后，预热装有植物染料的蒸锅
			创作实践	学生在教师的现场指导下独立或分组相互帮助体验，根据自己的设计意图进行捆扎，每人可做两件作品；学生完成后由教师组织进行染色，待蒸煮、洗涤反复 2~3 次之后，去掉捆扎物品，清洗后晾到晾衣竿上
			总结展示	作品完成，教师组织展示交流，举行小型的展览评议会

扎染的迷人之处在于它的偶然性。虽然捆扎方式是经过精心设计的，但染色结果总会或多或少地呈现令人意想不到的效果和变化。课程体验如图 4-45 所示。

图 4-45 扎染课程体验

6）数字雕刻课程设计

概述：数字雕刻课程依托于美术学院雕塑系新建立的数字雕刻实验室，系统地向学生们介绍了现代科技条件下，传统雕塑与现代技术的结合，使学生们了解科技给艺术带来的全新变革。

课程准备：本课程需要准备一份数字雕刻内容相关的任务单一份及雕塑用油泥。另需提前预约数字雕刻作品陈列室参观。

教学过程：数字雕刻课程单元的教学过程如表 4-9 所示。

表 4-9 数字雕刻课程单元的教学过程

课程单元	时 间	章 节	环 节	课 堂 内 容
数字雕刻	第 1 周	数字雕刻原理	课程导入	教师通过图片展示、制作分步图以及 3D 打印的雕塑成品引出课题，引发学生的兴趣
			课堂演示	教师讲解展示计算机作图步骤和原理并通过知名艺术家的数字雕刻作品来展示该技术对现代艺术的影响和变革；随后教师再演示通过数字扫描实体雕塑进而按一定比例 3D 打印出雕塑实体的方法
			作业	课下模仿课程中展示的抽象雕塑形态创作一个抽象雕塑的平面设计图，方便下节课的实物制作
	第 2 周	数字雕刻体验	创作实践	学生根据上周的内容和自己的创作草图，制作抽象雕塑立体图，教师实时指导并及时提出修改意见，使其形体更加便于数字扫描
			数字扫描	作品完成，教师组织学生进行展示互评，选出一件最便于扫描的作品，展示 3D 扫描仪的工作状态和录入成果；结合陈列室中的展品欣赏 3D 打印成果教师通过视频展示和现场制作，演示、讲解青铜化学热着色的原理；以雕塑表面的铜绿色、蓝色为例，其化学原理为青铜加热后表面分别喷盐酸或硫酸，通过化学反应得到相应的表面色彩效果
			作业	完成任务单，在任务单中谈谈自己的感受

数字雕刻和3D打印如今早已经成为民众耳熟能详的技术手段，广泛运用到了社会生产中，通过该课程的学习，帮助学生更加直观地理解了雕塑艺术中加法与减法、正型与负型之间相互协调的关系。学习体验如图4-46所示。

图4-46　"数字雕刻"实验室学习体验

7）金属工艺课程设计——铜板珐琅

概述：铜板珐琅是在铜板上通过播撒不同层次的珐琅粉，层层叠加并根据自己的需要通过模具等手段绘制成图案，然后入窑烧制，使珐琅粉与铜板发生反应形成五彩斑斓的装饰效果的一种工艺形式。在本课程中不仅包含了艺术创作的内容，还可以体现出多种学科知识的相互融合。

材料准备：珐琅粉、不同目数的筛子、金属图案模具、窑炉、铁钳、白纸、防热支架、手套、口罩等。

教学过程：金属工艺课程单元的教学过程如表4-10所示。

表4-10　金属工艺课程单元的教学过程

课程单元	时　间	章　节	环　节	课堂内容
金属工艺	共两周（每周均为实践，步骤类似，只是第2周将珐琅粉末换成铅笔粉）	铜板珐琅	课程导入	教师通过图片、实物展示介绍金属工艺的作品类型，讲解铜板珐琅的成型原理和作品效果的多种可能性
			课堂演示	教师通过现场示范逐步展示铜板珐琅的制作过程和注意事项：戴好口罩和手套—以不同目数的筛子分层晒撒珐琅粉—放置半成品于支架上—入窑烧制—冷却，等待氧化着色—稀盐酸清洗
			创作实践	学生在教师的指导下创作作品，按照步骤完成烧制；教师讲解制作过程中珐琅粉、铜片受热的化学反应原理，并强调用稀盐酸清洗后的废水的收集等注意事项
			交流展示	教师组织学生展示作品，进行创作体会的交流，互相学习

在铜板珐琅的制作过程中，涉及了诸多的化学反应原理，充分展示了工艺美术与科学原理的有机结合。学习体验和学生作品分别如图 4-47 和图 4-48 所示。

图 4-47　在金属工艺实验室学习体验　　　　图 4-48　"铜板珐琅"课程学生作品

4.3　走进野外实践——以"鸟瞰地球"为例

4.3.1　课例说明

1. 如何选题

互联网的发明使世界更加紧密地连接在一起，互联网上丰富的资源也为课程的开发提供了源源不断的创新动力。

2010 年，英国男子罗伯特·哈里森使用普通数码相机和一个氢气球拍摄出了超凡脱俗的地球太空图片，令美国宇航局也叹为观止（图 4-49）。

教学资源

图 4-49　罗伯特·哈里森拍摄的地球太空图片

据了解，哈里森曾试图使用遥控飞机来拍摄自家房子的天空俯视图，但是失败了，从那时起，他便萌生了探索太空的想法。在网上详细了解了高空探空气球后，于2008年10月制作了他的首个迷你型"航空器"。这个航空器拍摄到了地面上空跨度1609km范围的图片，展现出了地球的圆弧。随后他又往太空发出了12个"太空舱"。他说："我的家人和朋友开始都以为我有点疯狂，但是慢慢地他们开始对我的成果感兴趣。因为这些照片可以打动很多人。它们很美，人们以为它们可能要花上几百万英镑的代价，然而实际上并不是。"

2013年美国12岁女孩劳伦·罗哈斯自制了简单气象气球，气球下端连接着搭载Hello Kitty玩具的"载猫火箭"。气球带着Hello Kitty玩具上升到了28.5km高的平流层，并由设置在火箭上的摄像机记录下整个升空过程（图4-50）。这段凯蒂猫太空旅行的视频在社交网站上获得热捧。

图4-50　劳伦·罗哈斯自制的简单气象气球

这样的一个项目对学生来说，是一次不知道结果的挑战，可以让学生真正地经历一次科学探究过程，检验他们是否具有初步的科学探究能力，是否有运用科学研究方法的意识，是否乐于参加与科学探究及工程实践有关的活动。

2. 如何设计

"鸟瞰地球"项目希望学生们根据个人特点进行分工，确定各自的研究课题，展开科学探究与工程实践，进行一次较为完整的STEM学习，让学生亲身体会一次科学研究与工程实践的全过程。

整个"鸟瞰地球"项目具备了以下几个特点。

（1）真实问题。有一个驱动或引发性的问题——"我们如何在30000m的高空鸟瞰地球的模样？"这个问题可能是学生们从来没有考虑过的，通过这样的立题能够很好地激发学生的兴趣，调动起学生参与项目的积极性。

（2）注重交流。通过第一次项目启动会的介绍，学生们会了解到最终他们将要完成一个什么样的作品，而且学生之间就会对作品制作的过程和可能遇到的问题进行交流和讨论，从而在交流和讨论中得出结论和发现一些新的问题。

（3）跨学科学习。要完成所提出的作品，仅仅依靠某一学科的知识是远远不够的，需要他们去关注多学科交叉的知识。因为来源于现实生活的问题都是多种学科交叉的问题。在学习过程中，面对现实生活中的问题，学生需综合运用多种学科知识来理解和分析，单纯地依靠一门学科知识则无法解决所遇到的问题。

（4）合作沟通。要完成项目作品，单靠某一个人的力量是远远不够的，这就需要学生们在学习活动中建立合作。教师、学生以及涉及该项活动的所有人员相互合作，形成"学习共同体"。在"学习共同体"中，成员之间是一种密切合作的关系。

（5）社会责任。这个项目在国外已经比较成熟了，但之前国内也并没有学生完成过，所以学习具有一定的社会效益。基于项目的学习能促使师生与社会需求和社会团体建立联系，如学习过程所需的文献资料和学生的最终作品都能够与社会团体进行交流和分享。

（6）工具使用。在这个项目的学习过程中需运用到多种认知工具和信息资源。在学习过程中，学生会使用各种认知工具和信息资源来陈述他们的观点，支持他们的学习。这些认知工具和信息资源有计算机、超媒体、图像软件和远程通信等。

这些特点无不是STEM课程的精华所在。

3. 实践反思

本课程旨在开阔中学生的视野，注重保护学生的探索兴趣，激发学生的学习欲望，加强各自然科学与学生生活经验的联系；注重知识的构建过程，认识发现问题和提出问题对科学探究的重要意义，培养学生的科学探究能力、自学能力、分析问题及解决问题的能力。让学生在学习了一定的科学实验所需的基础知识和基本技能的基础上，进行一次以项目研究为载体的科学探究与工程实践活动。

从最开始的课程设计到后续的课程实施，再到最后的实践总结阶段，每一个阶段都有学生的深度参与，这是从始至终最大的一个收获。

将课堂交给学生，看似非常容易，但也会出现各种问题、各种事故，学生之间的合作问题、涉及大量的专业知识及技术问题、课堂学生参与度问题、项目过程中难点的攻坚问题等，除了对教师的专业深度要求、知识广度要求外，在学生管理上、跨专业合作上都会提出许多要求。

合理的分组是保证课程顺利推进的基本条件，教师可以通过一系列活动来热身，从而更能评定出所分组别的有效性。

本课程涉及基础力学、数学、热学、电学、GPS 基本原理及应用等多门学科及知识点，建议由两位以上的教师共同引导项目的进行。

STEM 教学是以真实的问题为导向，本课程设计初衷就是为了解决真实的需求，在后续的课程实施及检测过程中，也发现学生的学习效果要好于在平时的课堂中的学习，所以在设计教学案例时要多以真实问题为切入点，真实的问题可以很大，例如鸟瞰地球，也可以很小，例如净水挑战的课程。

4.3.2 课例分享

1. 课程概述

中国成语中有"天圆地方"之说，是古代科学家对于宇宙的认识，在古代，中华民族认识宇宙常采用"内证"的方法，通过自身的认识观察到细微的宇宙真相和运行规律，衍生出"阴阳五行"。但是人类的五官感知能力是有限的，这也是科学发展过程中的局限所在。眼睛作为观测的重要媒介，在科学史中起到重要作用，也有"眼见为实"这样的成语，人类对天空的向往自古有之，从嫦娥奔月、大闹天宫等神话故事到敦煌飞天这样精美的壁画，无不呈现出人们对于鸟儿的羡慕，渴望有一对翅膀，飞向天空，一览众山小。

14 世纪末的陶成道，因受朱元璋封赏而有一个更广为人知的名字——万户，他被誉为世界航天第一人，虽然在试验过程中火箭爆炸，献出生命，没有完成飞天壮举，但因为他勇于探索的勇气而被后人铭记。近代航空史开端是 1783 年，法国孟格菲兄弟所设计的热气球进行了第一次载人飞行实验。1903 年莱特兄弟试飞了完全受控、依靠自身动力、机身比空气重、持续滞空不落地的世界第一架飞机——"飞行者一号"。至此历史掀开了新的篇章。

在历史进程中，科学技术起到了巨大的推动作用，这其中的历史经验与方法可以启迪人们思考如何通过科学技术实现新的发展。

本课程以探空气球作为项目载体，通过以回收探空气球获得相关的大气数据及图像为核心任务，从选题和内容上横跨多个学科：基础力学、数学、热学、电学、工业设计等相关学科。

在课程前两个阶段的学习实践过程中，学生们需掌握科学试验所需的科学的观察、合理的猜想、严谨的设计、精确的测量等技能。在进行试验的过程中需要有一定的动手能力和解决问题的能力。在课程的第三阶段，具体实践探空气球项目（即鸟瞰地球），这个项目当时在国内还没有人做过，国外已有很多成功的经验。

通过在内蒙古放飞气球并回收作为评价项目的指标，中间结合相关的知识点考核、产品性能考核等完成过程性评价。

课程优势：从真实场景及需求出发，同时兼具挑战性；材料易于获得，评价考核指标明晰。

面向对象：初二及以上学生。

学生人数：20 人。

课程时间：90min/ 课。

教学材料：智能手机、气象气球、剪刀、风筝线、胶水、宽胶带、针线、刻刀、Arduino 单片机、温度传感器、温度计、秒表、卷尺、保温隔热板、尼龙布、秤、对数图纸、音乐芯片、气压传感器、雷达反射器、SD 卡读写芯片、笔记本电脑、鸡蛋、保鲜膜、筷子或木棍等。

2. 课程列表

本系列课程分为项目研讨及设计、项目评估及审查、项目实施及评价三个阶段。在项目研讨及设计阶段，以专题的形式讲解知识点，同时通过工程实践的步骤与方法带领学生进行预实验；在项目评估及审查阶段，根据各个组别的方案进行项目设计方案的汇报及答辩，为后续的项目实施做好准备；在项目实施与评价阶段，先进行系统的预实验，检测各个系统模块的稳定性及工作状态，最后集体前往野外进行项目的实施，收集采集的数据及图像，进行系统总结及评价。"鸟瞰地球"课程列表如表 4-11所示。

表 4-11 "鸟瞰地球"课程列表

课次	课程名称	教学目标	课程简介	设计意图	核心概念	思维扩展
1	航空航天史	了解航空航天史的简要历程	航空航天背景分享，提出项目情景	简要了解科学史可以帮助学生从唯物史观的角度来看待问题	空气动力学基本概念	根据项目情景描述提出问题
2	项目讨论	能够根据提出的问题，思考解决办法	根据项目任务提出相关的科学、技术等问题，并讨论汇总	学会从复杂的任务中抽离出核心任务，并能够排出优先级		如何设计子任务
3	鸟瞰地球项目启动及分组	能够制订计划	根据前期讨论的子任务分组，并且根据子任务制订相应的实验计划	学会统筹问题及团队合作	在课后按组别学习力、速度、电学、热学、GPS定位等知识	思考如何收集数据，试验模型的方法及标准
4	子任务预实验	能够对试验模型进行验证并分析	通过前期的知识、技术等的学习，建立一定的试验模型，对模型进行试验，并收集相关的数据进行分析	学会重复性实验及利用数据进行分析得出结论	科学探究与工程实践的步骤与方法	思考设计方案与试验方案中的差异性及原因
5	项目评估及审查	能够利用图表、数据、过程及方法进行表达与交流	通过相关的设计方案、模型、数据、结论等进行项目评估，并针对薄弱点进行交流	学会处理相关信息，并且能够使用科学的手段进行交流	论文及演示文稿的一般格式及流程	思考如何进行整体系统设计及集合
6	项目系统总装及迭代优化	能够掌握相关的工程实践及测试的方法	团队合作将子任务协同测试并组装测试，记录相关数据	了解项目管理的相关设计及方法		思考相关环境数据分析及预案
7、8	项目测试及实施	掌握测试流程	对模型进行测试并实施计划	能够根据相关数据分析		仍存在哪些问题
9	评价及相关迭代方案设计	能够养成迭代优化反思的意识	对整体的试验过程进行评价，并且讨论其中存在的问题及提出相关建议	能够对项目进行复盘		
10	项目分享交流		对试验过程及结果分享交流			

3. 第一阶段课程规划——项目研讨及设计

首先提出项目情景，并引导学生进行第一次讨论。

为了完成鸟瞰地球任务，引导学生思考项目实践过程中需要准备什么？会遇到哪些问题？学生们经过第一次的讨论大致汇总出下面4个最基本的问题。

（1）如何让气球载着摄像设备升到高空？

（2）如何让升到一定高度的摄像设备落下？

（3）如何保证摄像设备能够一直摄像？什么因素会导致摄像设备停止工作？

（4）如何回收摄像设备？

1）关于基础知识学习

为了提高效率，对于该项目所需要的基本知识，要求学生利用网络、在线学习资料进行学习，根据实验预习报告和考核试题对学生所学情况进行考核和评估。这样学生就会带着问题去学习，有目的地去学习，让学习生动起来。这样一方面激发了学生学习的兴趣，另一方面也是尝试着将课本知识与项目研究相结合，让学生在做项目的同时也能够掌握课本上要求的知识。

为了引导学生进行有实效的课下学习，将完成项目所需要的各部分知识罗列出来，引导学生在课下通过各种途径学习、完成实验预习报告和考核试题。

在前期知识学习基础上，开展工程实践活动。各小组工作分工及任务要求列举如下。

（1）功力组的具体工作：

① 测算气球升空高度。

② 设计可打开降落伞。

③ 设计手机保护装置。

（2）负载组热学部的具体工作：

① 了解气象对气球回收的影响。

② 保证手机的保温。

③ 设计回收装置。

（3）负载组电学部的具体工作：

① 设计定时电路，保证定时打开降落伞。

② 保证手机定位与摄像。

（4）秘书部的具体要求：

① 协调各部门工作。

② 查阅相关法律要求。

③ 记录工作。

各部门根据需要再设置了不同的小组，设置小组长，负责具体的实验设计。

2）关于实验预习报告

各小组填写试验预习报告，模板如下所示。

小组名称	专家小组		
气球名称	鸟瞰地球一号 ××× ×××		
总负责人	×××	秘书组成员	××× ××× ×××
动力组成员	××× ××× ×××		
负载组成员	××× ××× ×××		
总实验目的	（1）将气球升空到 30000m 高空，并成功回收 （2）连拍或者摄像录下升空全过程，可以自己选择视角		
小组特色	（1）最完备的实验方式 （2）记录了全过程的温度/气压数据 （3）将普通青椒的种子拿一半送上太空，另一半留在地面，到春天种植，比较两者区别		
实验器材	学校提供：智能手机、气象气球、剪刀、风筝线、胶水、宽胶带、针线、刻刀、Arduino 芯片、温度传感器、温度计、秒表、卷尺 小组申请：尼龙布、秤、对数图纸、音乐芯片、气压传感器、雷达反射器、SD 卡读写芯片、笔记本电脑、鸡蛋、保鲜膜、筷子或木棍		
动力组需要解决的问题	气球能否飞起来？ 气球能否达到 30000m？ 是否需要装置来剪断绳子？ 是否会被飞机撞上？	降落伞是否能够将速度降到合理范围？ 速度到达合理范围后，撞地是否还是太剧烈？ 如果定位有误差，误差多少？如何在特定范围内找到装置？被人捡走怎么办？	
动力组实验草案	上升 【计算】用秤称量所有部件的质量，测量所需气球的最小体积为多少 【爆炸直径】查阅最小体积在特定高度时的密度为多少，估算其所需的直径，并按照这个要求购买气球 【雷达】安装雷达反射器	回收 【降落伞】用针线、剪刀和尼龙布缝制降落伞，用四根筷子和风筝线撑开，用风筝线捆上与实际负载质量相当的重物（石头），用秒表和卷尺测量落地速度（测量最后几米），优化降落伞不要飘太远 【减震】将鸡蛋放在保鲜袋中，放入泡沫塑料箱进行实际测试 【找回】在外包装上贴上荧光条，写上联系方式，安装会播放祝你生日快乐的小芯片（一般可以响 24h）	
负载组需要解决的问题	高空 30000m 温度是多少？ 保温材料 1.5h 内温度会下降多少？ 温度下降的规律是什么？	在没有 GPRS 信号情况将位置用短信发送？ 拍摄 2h 的电量和存储空间是否够用？ 放入保温箱的手机能否看到外面？ 还要放什么东西？	

续表

负载组实验草案	保温 准备两个温度计（或者用 Arduino 芯片＋传感器），两个泡沫塑料保温盒，一个暖宝，将一个温度计放在保温盒的外部，一个温度计插在保温盒内（温度计露出盒子），其中一个盒子放暖宝；每隔 5min 记录温度计数值一次；用对数图纸描出温度差（保温盒内与室外温度），已知最冷温度为 -60℃，估算 1.5h 所保持温度是否在手机工作温度范围（0～35℃）	拍摄／其他功能 【定位】准备手机，安装 GPS 定位软件，配置发送位置到特定手机，开启飞行模式，再关闭飞行模式，查看是否收到位置短信和精度情况；由一组学生将装置在室外藏起来，其他人能否成功找到？ 【电量】测量 10min 手机拍摄的所占内存量和所耗电量，计算 2h 的量是否超出手机自带内存／电量；如果超出，则需要安装扩张存储卡和连接移动电池。 【拍照整合】将手机放入带有降落伞的保温箱中，看是否能够看清外面的物体；尤其要考虑是透过宽胶带直接看，还是在盒子上有暴露的空窗（会影响温度实验）。 【记录气压、温度和湿度】安装配置 Arduino 芯片和传感器，将其数据存放到 SD 卡中，看计算机是否能够读取这些数据
风险估计	被别人捡走 信号不良，无法定位 Arduino 芯片如果不焊接会接触不良	

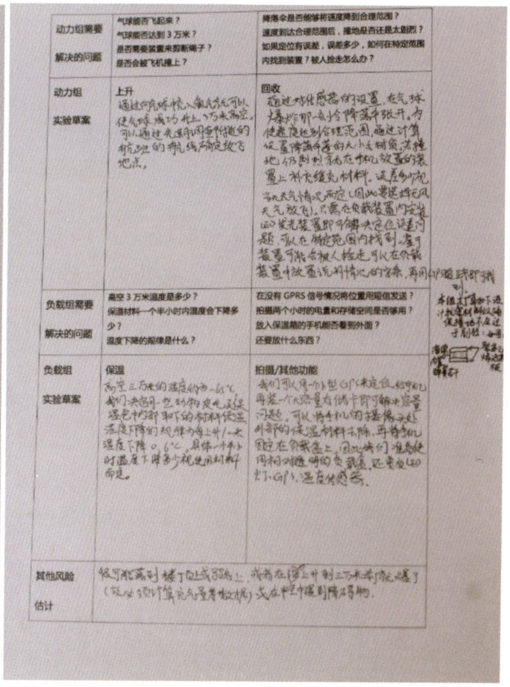

学生完成的实验预习报告案例如图 4-51 所示。

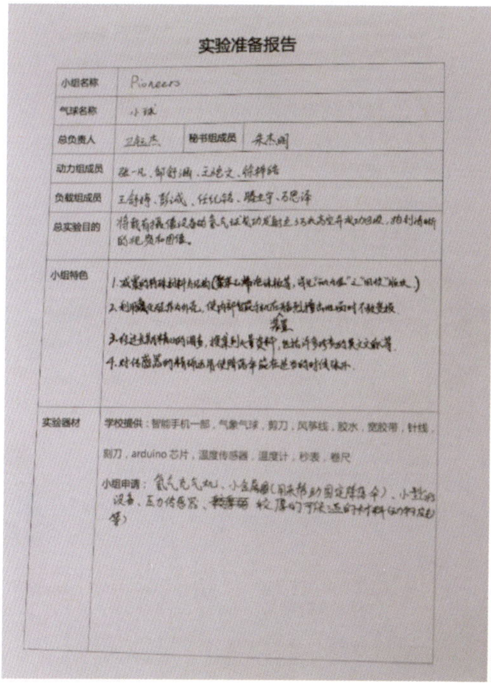

图 4-51　某学生完成的预习报告

3）考核试题模板

基础知识学习的考核试题模板如下所示。

考 核 试 题

姓名：_____ 学号：_____ 最终提交时间：_____ 成绩：_____

1. 简答题

a）物体能否漂浮与什么相关？是体积、形状、质量、材质还是颜色？

b）为什么普通的船只不能作为潜水艇？

c）为什么苹果会落地而月球不会"落地"？

d）水中浮力的来源是什么？

2. 计算题

a）Lego 积木的尺寸是高为 9.6mm、长为 32mm、宽为 16mm，密度是 $1g/cm^3$，能够承受的最大压强是 $800000N/m^2$，请问理论上最高能够盖多高的塔？

b）在 Pixar 的电影《飞屋环游记》里，主人公用非常多个氢气球将屋子吊起来。氢气的密度是 0.0899g/L，空气的密度是 0.01293g/L，一个气球的球皮重 30g，体积 3L，电影里的房子质量为 50t。请问需要多少个热气球？

c）气体就像固体和液体一样会发生热胀冷缩，观察下列数据，估计一个标准大气压下，100℃气体的密度为多少？（提示：可以描点绘制图像）

温度 /℃	温度 /K	一个标准大气压下密度 /（kg/m^3）
+30	303	1.1644
+20	293	1.2041
+10	283	1.2466
0	273	1.2922
−10	263	1.3413
−20	253	1.3943

d）气体比固体和液体更容易压缩，观察下列数据，估计 0℃时，0.3 个标准大气压的空气密度是多少？

大 气 压	0℃时密度 /（kg/m^3）
1 标准大气压	1.2922
0.8 标准大气压	1.0338
0.6 标准大气压	0.7753
0.4 标准大气压	0.5168

e）距离地表越高，空气越稀薄，到了 30000m 高空，大气压只有地表的 0.01 倍，而温度则是随着高度的变化更复杂一些，如右图所示。

请估算 30000m 高空中空气的密度是多少？

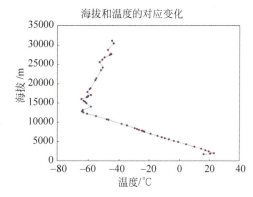

海拔和温度的对应变化

f）一个载重 2kg（包括球皮质量）的高空探测气球，采用氦气作为主要气体，如果想上升到 30000m 高空，对于气球有什么要求？

学生完成的考核试题答卷如图 4-52 所示。

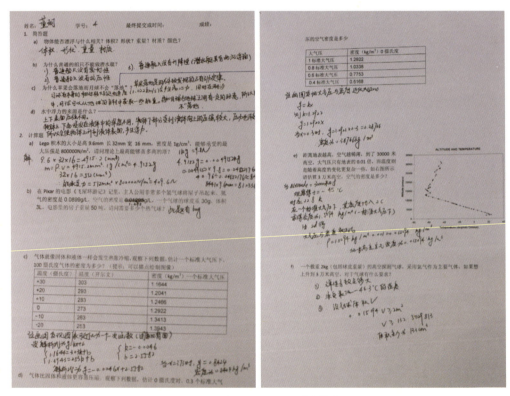

图 4-52　某学生考核试题的答卷

4. 第二阶段课程规划——项目评估及审查

学生经过课下学习，对本次项目所需的基础知识有了一定的掌握，通过考核试题对本次项目所需的一些数据参数也有了一定的了解。然后，进行第二次讨论，并进行分组，一个项目组设一个总负责人。一个项目组设力学部、热学部、电学部、秘书部，各部门设一个负责人。

通过项目的实施及预实验研究，学生已经基本掌握了科学探究及工程实践的过程与方法，在项目实施过程中，只有当学生完成课下学习任务，填写好实验预习报告，并考核通过后才能进入汇报答辩环节。答辩环节可以邀请相关的教师或者专家对学生提出的实验方案进行可行性评估，并进行现场答辩。通过答辩的小组就可以领取一些基本实验材料开始进行实验了。

通过答辩的小组就可以开始进行各项实验工作，本次实验中能够由学生自己制作的，都要求学生自己制作，其中包括降落伞的设计与制作。而实验有几个重要的环节分别是保温、定位、降落伞和回收。

1）学生分组讨论记录案例

学生分组讨论记录案例如下所示。

例 会 记 录

_____年_____月_____日

一、人员名单

总负责人：×××

动力组:【上升】×××、×××、×××；【回收】×××、×××、×××、×××

负载组：×××、×××、×××、×××、×××

秘书组：×××、×××

共 15 人

二、各组负责内容

动力组:【上升】压强；【回收】GPS 定位、回收地点、放伞

负载组：驱鸟、保温、测高度、测温度、三防（防水、防盗、防摔）

秘书组：队徽、气球彩绘、群邮、资料整理

三、气球名及组名

1. 气球名

提案：

a. 宇宙挑战者··0 票

b. 宇宙征服者··0 票

c. 宇宙眺望者··2 票

d. 宇宙切糕··0 票

e. 宙斯··5 票

f. 嫦娥··0 票

g. 高铁 ……………………………………………………… 0 票

h. 泰坦 ……………………………………………………… 3 票

i. 神盾 ……………………………………………………… 3 票

最终确定为宙斯（5 票），提出者：×××

2. 组名

提案：

a. 神盾计划 ………………………………………………… 6 票

b. 祥云之巅 ………………………………………………… 7 票

c. 长江 8 号 ………………………………………………… 0 票

d. 宇宙挑战者 ……………………………………………… 0 票

e. 宇宙征服者 ……………………………………………… 0 票

f. 宇宙眺望者 ……………………………………………… 0 票

g. 宇宙切糕 ………………………………………………… 0 票

最终确定为云之巅，由祥云之巅更改而得，祥云之巅提出者：×××

四、实验流程

1. 前期

（1）总体计划

（2）队名

（3）球名　　　　　两天之内完成

（4）队徽

备注：无

2. 实施

（1）各模块研发

（2）制作样品　　　地面部分

（3）地面试验

（4）实际放飞 —————→ 天空部分

备注：无

3. 后期制作（视频）

（1）片头

（2）录像剪辑

（3）Adobe Premiere

备注：两个视频

五、QQ群

××××××××

六、组规

（1）所有涉及组内的事务一律不得外传，尤其是讨论记录要保存好。

（2）所有人必须做好本职工作，并在组会中对大家进行汇报。

（3）组内成员须团结，无等级之分，意见分歧时投票决定。

（4）做事必须严谨、细致、有责任心。

（5）每周二中午12:20在××××进行组会，迟到10分钟以上者需要向大家阐述迟到理由。

（6）如实验不成功，不要相互埋怨。

2）考核表

考核表（过程记录单）如表4-12所示。

表4-12　考核表（过程记录单）

项　　目	人员数量	材料准备情况	动力组方案	负载组方案	特色	答辩	总分
九重天							
Pioneers							
三国杀							
天才大爆炸							
神州十号科研队							
云之巅							
OAA							

学生完成的答辩考核表如图4-53所示。

3）鸟瞰地球工程实践部分

工程实践环节如图4-54所示。

图 4-53　答辩考核表

将玻璃窗口密封

制作的保温箱外形

图 4-54　工程实践环节

下面列举了三份学生总结，供参考。

保温部分（学生总结）

保温环节是这个气球项目的重中之重，上次失败是因为保温，这次成功同样离不开保温。下面分析一下保温这个环节。

保温其实有两大部分，就是防止散热和主动升温。

先从主动升温说起。主动升温又分为两个部分，即设备自发热和专用发热装置。2月的放飞中，专用发热装置是暖宝，即利用铁屑氧化来升温。这种装置发热有一个前提就是必须在含氧量较高的环境下。我们对暖宝做过低压实验，发现其在低压环境下不工作。7月的放飞使用的是电暖手宝，它利用红外线加热，表面温度程序设定为50℃，可持续工作10h，发热环境要求并不苛刻。地面低温实验中它良好的工作表现证明了这一点。我们还留有一备份方案，即采用清华大学最新研制的碳纳米管加热装置。其实就是超薄电褥子。此方案用于电暖手宝方案失败后用其裹住电池，而低温实验中负载内温度始终未降至零下，所以此方案未能使用。

再来说防止散热。散热通常有三种方式：直接热传导、红外热辐射和对流。2月用的是海绵，首先直接热传导就已经不行了，同时，海绵多孔洞，易发生对流，带走热量。在7月的放飞中，我们队从三个方面均做出处理。直接热传导有两个方面，材料和结构。对于材料，我们总结出规律，密度越小的材料导热性越差。这并不是一个严谨且普适的结论，但可以用作一个感性的参考。我们在保温方面做出过三次尝试：① EPS 为 3cm 保温盒；②双层：外胆 EPS 为 2cm 保温盒，内胆 EPS 为 3cm 保温盒；③三层：外层 EPS 为 3cm 保温盒，中层 EPS 为 3cm 保温盒，内层 EPS 为 2cm 保温盒。对于结构，由于导热与面积有关，表面积与体积的比越小热传导越差，所以我们采用了正方体。对于红外热辐射，我们曾经试过锡箔，但最终发现其屏蔽信号，并且我们考虑到保温盒颜色为白色，会反射红外线，所以最终没有用锡箔。我们的保温箱是准气密的，不可能出现对流。之前的三代产品代表着我们从无到有、从差到好的探索历程。

我们用于做保温实验的仪器是价值数百万元、可降至 –80℃ 的制冷机（在此特别鸣谢清华富士康纳米科技研究中心），共做过两次实验，第一次是二代保温箱不加暖宝实验，结果为 2h 后保温箱内温度为 –45℃，外温度为 –60℃；第二次是三代保温箱加暖宝，结果为两小时后保温箱内温度为 5℃，外温度为 –60℃，达到实验预期。

定位部分（学生总结）

在保温系统足够完善的情况下，定位及搜寻就显得尤为关键了。

关于定位系统，我们共有三大体系：微型定位器、手机定位器和登山用卫星定位器。

第一代微型定位器有一个明显的优势就是体积小、质量轻，设计防摔构造时我们几乎不用考虑它。它利用基站进行定位，并利用手机信号将位置信息传送给第三方，即我们。缺点也十分明显，第一，很可能负载落入无信号覆盖区域，导致无法接收信号；第二，定位精度极差，误差超过 2km。最终未被选用。

第二代手机定位器同样利用蜂窝数据进行定位，但定位精度有极大提升，误差不超过 10m。我们曾尝试用 iPhone 4s 上的 iCloud 以及自己下载的 Lookout 等定位软件定位，发现在卫星地图的情况下十分精确。但利用移动数据同样不可靠的一点在于若落入无信号覆盖的区域则无法定位。最终也未选用。

第三代登山用卫星定位器我们选用了 Spot 第二代。它采用 GPS 定位，可在全球任何位置定位。而最重要的是它的数据传输方式：卫星电话式传输。利用与卫星电话原理类似的方式将 Spot 自身坐标信息传给卫星，卫星传到 Spot 官网服务器，我们登录 Spot 官网查询。在卫星地图的环境下，定位十分精确。并且它能耐 −30℃ 的低温，信号覆盖范围囊括了全球任意海拔 6500m 以下的地点。

为了大致确定落点，我们找到了欧洲气球爱好者网站的预测功能。利用输入的发射地点经纬度、放飞时间、爆破高度以及降落速度来确定落点的大致位置。我们将其生成的飞行路线文件导入 Google Earth 来看它的落点信息。

放飞前，我们发现曾经使用的珍珠棉由于其网状结构屏蔽 GPS 信号。撤掉珍珠棉后，Spot 定位器得以每 10min 向我们传输一次数据。

我们携带无线路由器，用联通 3G 网络在 iPad 上刷新位置信息。综合了预测网站的信息以及 Spot 发来的位置信息，我们决定沿 G306 国道向东开。收到三次信号之后，气球离开了 6500m 的区域，不能收到信号。但大约 40min 后，我们又一次刷新了位置信息。距放飞 2h 后，我们发现最新位置信息与上一次重合，由此断定已落地。

我们曾做过 Spot 与 iPhone 定位可靠性测试，发现两者在卫星地图下都是精确的。而卫星地图显示的地点是由坐标信息导入地图而生成的。由此我们断定 iPhone 和 Spot 的坐标信息，即经纬度信息，可以重合。由此，我们作出两种预案，一种采用数据找法，即利用 iPhone 上的经纬度坐标换算成小数点后五位的形式，与 Spot 的经纬度不断接近，直到重合。另一种采用卫星地图找法，综合标志性事物及标志性地貌来寻找。最后我们决定分两小队寻找，以提升效率。

采用经纬度找法的小队根据 iPhone 中指南针下方的经纬度坐标，先向东行进，在经度坐标重合后，又向北走，找到了负载的精确落点。但由于周围全是灌木，因此增加了搜寻难度。在地毯式搜索无果后，又回到原地。一个学生发现了我们的雷达反射器，由此找到了负载。

而采用卫星地图找法的小队根据旁边是哈巴齐拉村，发现停车地点距落点 3km。于是乘车前往哈巴齐拉村。之后，根据标志性的 Y 字形的峡谷来到了落点附近。但由于不够仔细等原因，最终没能找到。

此次定位及搜寻为后续的放飞积累了经验。以后，我们要选择山地、丘陵及河流较少的平原地带放飞。搜索队需配备手台及望远镜。需有专门人员在计算机前实时播报两个位置信息的相对位置。负载根据预测的落地地点的颜色，喷涂与其相差最大的颜色。负载内加装扬声器。此次搜寻圆满成功！

降落伞部分（学生总结）

降落伞是一个关键部分，为了防止由于30000m高空自由落体下来的负载摔坏，我们制作了降落伞。

我们的降落伞共有两种型号。第一种是网上的图纸，共13片。第二种是我们自己设计的，共8片（图4-55）。

第一种由于片数太多，且需要缝弧面，因此我们决定暂时用胶带纸粘贴各片。实验证明，这个降落伞十分不靠谱，几乎没有减速的作用。为此，我们决定自行设计。

第二种花费了我们很多精力。我们先后在白纸上画了10余种图纸，用胶棒粘成缩比模型，挂橡皮当重物，一一实验其减速性能。

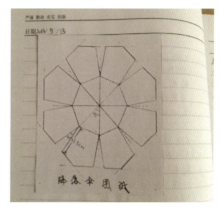

图4-55　学生们自己设计的降落伞型号

实验中有一款伞优势明显。在调整了各部分数据之后，我们新伞定型。在正式制作大伞之前，我们又用雨伞布的下脚料制作了另一个缩比模型，以验证在与之性状不同的材料的情况下此伞能不能用。实验证明，此伞减速性能十分好。于是，我们制作了大伞。

对于连接伞的线，我们一开始采用单根承力20N的钓鱼线。而之后的实验表明这个线十分容易缠到一起，并且勉强能承受负载的重量。于是我们换了下一代单根承力80N的进口钓鱼线。而钓鱼线仍显得承力不够。于是我们用编麻花辫的方式将每三股编成一根，承力能力提升超过3倍。但由于工作量大，以及缠到一起的情况时有发生，因此，我们打算换线。最终，我们购买了90m的军用伞绳，单根承力2000N且不易缠到一起。这是我们经过一步一步探索找到最佳方案的过程。

关于降落伞实验，我们做过许多次。在学校教学楼5层我们做过实验，发现主伞能够完全打开，稳定伞也起作用。但之后的两次高楼实验却反映出主伞在风速较大的情况下不能打开。我们改变了连接结构，使稳定伞拉开主伞，保证了此次实验的成功。

5. 第三阶段课程规划——项目实施及评价

在不断试验的基础上进行迭代优化，实际放飞、回收和后期处理。

2013年2月2日，最先完成所有地面试验项目的一组进行第一次正式放飞试验。放飞地点就在清华大学附属中学校内，在气球升空0.5h后，信号消失；不过，学生们并没有放弃，依然向着预计的着陆点——唐山进发，5h后，学生们在唐山宣布试验失败，返回北京。

第二次的试验，学生们更加严谨、更加仔细，考虑问题也更加全面了。他们甚至利用了家长在清华大学实验室的资源进行了低温实验，保证了外界环境低于−60℃时，箱内温度不低于5℃的理想情况。

暑假时，有两个小组的地面试验项目全部完成，于是教师于2013年7月26日带着9名学生赴内蒙古经棚镇进行了第一次放飞试验，最终取得成功。师生们于2013年7月27日上午8时50分放飞气球，负载箱于10时38分返回地面。经过近3h的寻找，师生们于14时40分找到负载箱。负载内置的摄像机记录了气球上升、下降的全部过程。学生们第一次用自己的摄像机拍摄下了近30000m高空的地球影像。

回收部分（学生总结）

2013年7月27日早上8时50分，我们装有暖宝、摄像头和Spot卫星定位器的负载箱子，外加雷达反射器和降落伞，总共加起来有二三十米长的"一字长龙"，在大家长时间的筹划和准备下，终于连着氦气球成功升上了天空（图4-56和图4-57）。

图4-56　安装摄像机　　　　　图4-57　给气球充气

接下来的任务，除了保障箱子里的设备工作正常，就是根据我们放在箱子里的Spot卫星定位器找到这些东西的降落位置，以便打开箱子查看录像。我们这次之所以选择新浪向我们提供的Spot卫星定位器，是因为卫星可以搜寻到地面上任何一点发出的信号。而用手机定位，若手机落在没有信号的地方就无法使用，从而无法定位。在地面上，经过反复尝试，我们去除了之前阻隔 Spot 信号的珍珠棉，终于调试好了 Spot 合适的放置位置，确保了大约每 10min 能在 Spot 网站上收到一次卫星发来的信号，信号数据会显示 Spot 的经纬度，Spot 网站上的地图可以让我们大致看清气球的飞行方向，以便我们搜寻。

在未放飞之前，我们找到了一个预测网站（http://predict.habhub.org/），通过放飞时间、放飞地点的经纬度、放飞目标高度来预测气球大致的飞行方向。于是在气球升空后，我们大家综合了预测网站的预测结果、Spot 网站上地图显示的飞行轨迹、经纬度三者，确定了气球飞行的方向，并乘车前往。在途中，除了气球上升到 6500m 以上，Spot 无法发出信号的大约 40min 以外，我们在网站上始终能正常地收到卫星发来的信号。不到 2h，我们发现 Spot 发来的经纬度数据不再继续变化，以此确定箱子已经落地。

接下来，我们利用 iPhone 的指南针功能随时确定车的经纬度，使之与 Spot 发来的经纬度不断接近。其中细节问题就是度分秒的换算：Spot 发来的经纬度是小数点后几位，以度为单位；而 iPhone 上的经纬度是以度分秒为单位的，这其中为了确保一致性，我们将度分秒全部转换成以度为单位（将秒除以 3600，将分除以 60），从而将小数点之后的位数一位一位接近。在接近过程中，我们不断地测试，开始时往大体方向东北走，越来越接近的时候，先往正北，使纬度位置与 Spot 的完全一致，再往正东，使之完全一致。

当我们站在那个"最准确的"点时，由于四周有不少灌木，什么都没有发现。接下来我们开始四周"地毯式搜索"，还是没有收获。最后，我们重新回到那个点，终于看见二十几米外有白色的东西，我们朝着那个东西走，发现果然是我们的箱子，搜寻成功（图 4-58）！

图 4-58　回收成功

在寻找的时候，另一部分学生采用了和我们不同的寻找方法，即用卫星地图寻找周边标志性事物（如某个村庄），地形（Y字形峡谷），并结合当地人提供的地理位置信息。最后也离目标很近，但由于其局限性及其他因素，最终还是没有发现目标。但这种方法也有其科学性，今后我们可以好好总结，使这种方法更精确，与上述经纬度方法配合工作。

这次搜寻工作可以算是非常成功的，但其中也有不足：我们在搜寻之前的协调、沟通、准备还有所欠缺，也没有测试 iPhone 和 Spot 经纬度的精确程度，所以能够找到也有一些运气成分。所以以后在实际操作之前一定要做好充分的实验和准备，大家互相的沟通也非常重要。

通过这次试验，我们知道了 Spot 和 iPhone 的经纬度定位是完全可以信赖的。并且为了方便下次试验的搜寻，我们准备加装无线电测向装置和扬声器，并且把箱子涂上鲜艳的红色。

总之，这次的成功也为以后的实验奠定了基础，希望我们今后能把这个实验做得更加科学、完美！

在完成相应的试验、回收等任务之后，建议组织学生对活动进行复盘，可以围绕以下几个方面进行复盘：项目名称、参与人员及分工、项目过程性描述、相关技能及知识点的学习、成功的经验、在过程中遇到的问题、整体项目的改良空间及建议等，如表 4-13 所示。

表 4-13　项目复盘表

项目名称				
成员				
任务分工				
小组成员				
项目过程性描述	使用语言、图片、视频、动画等方式对项目全过程进行描述总结			
技能与知识点	将所学的技能与知识简单罗列于此			
成功的经验	将整体项目的优点、成功的经验列举出来			
过程性问题描述	根据项目日志或其他记录方式将参与到整体项目过程中遇到的问题或难题罗列出来（如果已经解决，也请将解决的办法写出来）			
项目的改良空间及建议	项目有待改进的内容及空间进行阐述，并尽量提出相关的设想			
其他				

STEM 课程的基本理念是按照学生的认知规律，首先通过参观、讲座关注学生的内在学习动机，激发学生对科学的兴趣，培养其对科学的好奇心。然后通过教师的引导，培养学生的问题意识，让学生通过观察和科学试验慢慢形成独立思考、敢于质疑、尊重事实、敢于创新的科学研究习惯。同时，通过生物、物理上的小探究实验，提高学生的动手能力，让学生具有初步的实验操作技能，会用简单的实验仪器，能测量一些基本的物理量。最后，通过一个具有一定难度的研究项目来让学生亲身体会科学探究活动，学会拟订简单的科学探究计划和实验方案，体验通过试验获得研究成果的过程，并能通过交流讨论，能书面或口头表述自己的观点，有自我反思和听取意见的意识，具有一定的信息交流能力。

通过一年的学习，特别是最后的项目研究，让学生们体会到了什么是真正的科学探究，什么是工程实践；也让他们认识到了科学研究的艰辛和获得成功后的喜悦。通过一年的学习，学生们更加关注科学技术对社会发展、人类生活的影响，并非常乐于参与科研实践活动。

4.4　走进历史遗迹——以"皇家取暖探究"为例

4.4.1　课例说明

1. 如何选题

"皇家取暖探究"是"走进圆明园"综合实践活动课程大背景中的一个小课题。"走进圆明园"课程依托圆明园丰富的自然、历史、建筑、生态环境资源，借助校内外的师资团队，打破学科之间的界限，综合政治、历史、美术、生物、地理、数学和外语等多门学科，由教师引领学生从不同的课题角度来研究这座著名的皇家园林，对相关问题进行跨学科、综合性、多领域、多角度地观察和研究，激发学生的多元思维和批判精神，提升其人文素养和科学素养，激发其创新潜能，了解课题研究的基本过程和方法，提高学生的探究能力。

教学资源

在这样的大背景下，教师在选题时主要考虑以下几方面的内容：一是尽量贴近皇家生活，以吸引学生的兴趣；二是研究主题应当符合初一学生的认知与能力水平，在教师的引导下，学生有能力完成并取得相应的成果；三是所选课题应当需要并且能够在圆明园进行实地考察，以让学生在实地考察中体会科学研究的过程；四是该课题应当能够综合多学科的内容，让学生在解决问题的过程中体会到学科融合的意义，提升综合分析、解决问题的能力。

综合以上考虑，最终选择了皇家取暖这一主题。首先，取暖是皇家生活中必不可少的问题，这与当地的环境有着密切的关系。其次，圆明园的含经堂遗址有多处地炉遗迹可供学生实地考察，学生可以通过测量、建模等形式进行探究，课题研究具有可操作性。另外，关于取暖问题的发散性较大，学生可以围绕这一主题发现更多的问题，融合多学科内容，进行更深入的研究。

2. 如何设计

本课程的学生探究课题是以课题研究的形式进行的，学生占绝对的主导地位，教师则更多的是辅助的角色，因此，教师需要思考的问题主要有以下方面。

1）在课题研究过程中，需要达到怎样的目标？

因为本课程是以科学探究为主，所以在一般三维目标的几个维度中，本课程更注重对学生能力目标的培养，侧重在对学生的认知水平和探究能力的培养上，引导学生查阅资料、实地考察、数据分析等，并从中得到相应的知识积累，同时引导学生了解科学研究的过程和方法，培养严谨的态度，享受科学探究的乐趣，培养科学研究的兴趣。

2）如何在皇家取暖这一大话题下确定具体的研究问题？

对于初一学生来说，兴趣是继续钻研探索下去的重要动力。同时，发现问题、提出问题也是科学研究中一个很重要的环节。因此，在确定具体研究问题时，教师把主动权更多地交给学生，更多地考虑到学生的兴趣点。由他们来提出感兴趣的话题，然后再通过可行性分析和研究框架讨论来确定师生共同研究的问题。

3）需要设置哪些具体的教学活动与环节？

由于本课程的主要目标是让学生能够体会科学探究的乐趣，培养严谨的科学探究态度，因此，本课程尽可能多地设置在真实的科学研究中会用到的方法与过程，如文献的查阅与归纳、研究问题的提出、研究框架的构建、实地的考察与测量、数据的整理与分析等，其中课题小组成员分工合作，定期汇报讨论，并相互提出问题及时调整，逐渐让研究更成熟，达到预想的研究成果。

4）课题研究的可行性如何？

课题研究的可行性主要考虑两个方面的内容：一是课题的难度与学生能力的匹

配度；二是实地考察测量需要圆明园的支持。从课题难度来看，绝大部分问题都在学生的能力探究范围内，只是有一两个问题无法在短时间内解决，但依然鼓励学生积极钻研，旨在体会研究过程。另外，从圆明园实地考察来看，实地考察是比较有保障的，能够允许师生每周赴圆明园考察一次，不过由于文物保护的需求，两个真实未被填平的地炉都有玻璃盖着，师生无法去实地测量地炉的深度，但这一情况却正好让学生们发挥特长，运用学科知识来解决实际问题。事实证明，学生是可以较好地解决的。

5）对学生的预期是什么？能够呈现怎样的研究成果？

期望学生能够沉浸在问题的研究探索过程中，发现问题并提出独到的解决办法，能够综合分析问题，构建各问题之间的逻辑框架。期待学生能够在研究过程中体会到科学研究的严谨态度，或许有些问题在有限的课堂时间范围内一时还无法解决，但只要在研究过程中努力钻研，掌握基本的研究方法就够了。至于研究成果，可以以多样的形式呈现，如地炉模型、地炉工作原理的再现、完整的论文等。

6）如何激发并持续保持对研究问题的兴趣与热情？

由于具体研究问题的本身就是由学生来定的，所以学生最初的兴趣天然存在，问题的关键是如何在研究过程中依然保持学生的研究热情。首先，是要能够让学生在研究过程中体验到成就感，把研究问题分解成一个一个的小步骤，让学生每次课能够完成一点点，从而有动力继续做下去。其次，是要在成就感的基础上，设置一些小障碍，让学生发现有一些问题和已有的认知有冲突，比如含经堂周边的地形与水环境对取暖效果的影响，从而激发学生们继续挑战的动力。

7）如何评价学生？

在评价过程中，可以考量研究参与度、阶段完成情况和成果展示这几个方面。参与度评价主要由教师通过过程观察来记录完成。而在研究过程中，每节课会发给学生任务单，有时任务单是统一的，有时任务单会根据每个小组的具体研究方向而不同，任务单的完成情况即作为阶段性的评价依据。最终，会组织各小组成员展示自己的研究成果，采取组间评分和教师评分共同采用的方式，给出最终的得分。

3. 实践反思

随着课程的进行，会出现很多原本预想不到的问题，也迫使教师在实践中反思，及时调整策略，更好地做好学生课题研究的辅助者。

1）前期准备不够，提出的研究问题过于狭窄

在第一次和学生接触，让学生围绕皇家取暖话题，提出自己感兴趣的问题时，由于学生前期没有充分的准备，也没有去过含经堂实地考察，所以思路无法打开，只是局限在很少的几个问题上。因此，教师在第一次正式上课时，带领学生去含经堂实地考察，观察周围的环境和含经堂地炉遗迹，并设置任务单，在轻松的氛围中实地讨论与记录，学生的思路也就慢慢打开了，提出了更多感兴趣的问题。

2）学生的兴趣点不同，无法统一问题

思路打开后，紧随而来的问题就是大家的研究问题无法统一。于是，教师将学生们按照各自感兴趣的研究问题进行了分工，共分为4组，然后引导学生寻找这4组研究问题之间的关联，构建一个总的研究框架，将大家的研究问题划归到一个大问题下，既统一了研究问题，又锻炼了学生构建研究框架的能力，同时学会在讨论中分工合作。

3）找到问题，但不会查阅文献，无法深入讨论

在让学生深入研究问题时，发现学生大多还是在百度上查找资料，资料的准确性和全面性都有待考量。因此，教师特设置了一堂文献查阅课，让学生能够更好地查找自己需要的资料，为深入研究提供材料支持。

4）研究瓶颈期，陷入了研究—汇报的单调循环

在研究课程的中后期，学生基本上陷入了查资料—考察圆明园—教室汇报的单调循环中，研究兴趣明显下降。因此，在这时教师想办法打开学生的新视野，找到新角度，补充新材料，如带领学生去故宫、颐和园，观察那里的取暖设施，与圆明园中含经堂的地炉作比较，鼓励学生动手制作简易地炉模型等，在促使研究问题更深入的同时，也激发了学生的兴趣。

5）预设问题难度过大，无法取得预期效果或研究成果与预期相差较大

在研究过程中，学生提出"恢复取暖效果，得到皇家宫殿室内真实温度"的问题，因为要综合考虑到当时的气候环境、建筑材料、建筑空间大小等诸多因素，所以很难做到真实地恢复，因此只能引导学生不断地深入研究，发现问题，体会研究过程，并在能力范围内推演出最可能的理论值。未来，在收集了更多的数据和积累了更多的技能支持后，或许可以用计算机模拟来实现，但目前还未实现这一点。

另外，在研究周边山水环境对取暖效果影响的问题时，学生也发现事实上的影响

和预期的差别很大，因此情绪有些低落，但也刚好可以借此引导学生要以科学严谨的态度来对待课题研究，以真实的结果为准。

4.4.2 课例分享

1. 课程概述

由于特殊的地理位置加上良好的地理环境，北京有着悠久的建城史，最早可以追溯到西周时的蓟城，自金中都以来，北京更是有着 800 多年的建都史。由于北京地处北温带，冬季寒冷，加上三面环山的山谷地形，每天改变的地形风在冬季更加明显。千百年来，我们的祖先在对抗严寒的过程中总结出了一系列的方法，这其中皇室建筑，也就是遍布于北京的大小宫殿的取暖设施精致、高效，是我国重要的文化遗产，研究中国古代皇室宫殿的取暖问题，可以帮助我们理解古人的生活，继承古人的智慧，发扬中国的传统文化。

为了能够深入了解中国古代皇宫的取暖措施，我们以圆明园为例，研究圆明园宫殿的冬季取暖问题，通过考察圆明园宫殿周围的地理环境，测量圆明园宫殿设施，实验宫殿取暖方法，最终了解圆明园宫殿如何取暖，进而理解中国古代皇宫的取暖问题。

从实地考察、提出问题到分享观点、讨论框架，从文献查阅、归纳总结到实地测量、数据分析，从资料整理、阶段汇报到不断调整、最终成文，本课程结合数学、地理、计算机等学科内容，通过文献查阅、实地测量、模型模拟等方法，引导学生了解科学研究的过程和方法，培养严谨的科学态度，享受科学探究的乐趣。

课程优势：本课程以学生为主体，学生研究兴趣浓厚，实地考察方便，更易体会科学研究过程的乐趣。

面向对象：初一学生。

学生人数：10 人。

课程时间：课程一共分为 12 次课，每次课 90min，每周 1 次课。

教学材料：电子温度计若干、照相机1部、卷尺若干、笔记本若干、录音笔1支等。

2. 课程列表

"皇家取暖探究"课程列表如表 4-14 所示。

表 4-14 "皇家取暖探究"课程列表

课次	研究步骤	活动要点	活动提示	所需支持	时间安排
1	问——提出问题	组织讨论＋实地考察，明确有待探究的问题：古代皇族的取暖方式	使学生明确：①问题提出的背景；②需要解决的问题；③激发探究问题的兴趣	①小会议室；②记录本、记录员（学生）；③照相机、摄影师（学生）	1次课
2	查——撰写文献综述	查找资料的方法	互联网（选择关键词；编写查找计划；拓展查询——通过已找到的资源拓展超找的关键词、重点网站等）。专业期刊网（关键词查找；相关专业期刊；引用文献的拓展查找；作者查找）。图书馆（公共图书馆的利用）。专家访谈（设计提问的问题——弄清好问题的标准：针对性、开放性；访谈记录的录音、录像、摄影、笔录；记录整理和访谈记录的撰写）	①网络教室；②期刊网资源（万方、维普）；③图书馆（清华、北大、国图、首图）；④相关专家（根据学生需要确定）；⑤照相机、录音笔、记录本及负责人员（学生）	1次课
		信息的分类、整理、归纳	可以选择时间、空间、类别的线索进行归类		
3	想——明确具体问题和研究框架	汇报个性问题的文献资料，确定具体研究问题与框架	古代人们取暖相关内容：①住宅外部环境与取暖的关系；②住宅自身结构的设计与取暖的关系；③住宅内的采暖方式（地炉与其他设施）		1次课
			各种采暖方式的特点：①优缺点归纳；②定量/半定量确定各采暖方式的作用		
4	做——设计实验和现场调查	根据研究目的，确定合理假设→设计实验→实际调查→验证假设	①实地调查（地炉的分布、周围环境特点）；②理论计算（根据碳的热值和供应量计算对建筑内温度的影响）；③实验模拟（建立地炉模型，模拟加热过程）	①电子温度计至少2支；②地炉模型；③计算机模拟软件	6次课
5	说——编写探究报告，展示探究结果	研究报告的撰写和汇报	①各小组汇报研究成果；②其他组补充提问；③调整成文		3次课

3. 课程设计

1）第 1 次课课程设计

概述：本次课是课题研究的初始课，主要内容是了解取暖研究的基本背景，实地考察提出感兴趣的研究问题。

教学课程：第 1 次课课程设计的内容如表 4-15 所示。第 1 次实地考察的照片记录如图 4-59 所示。

表 4-15　第 1 次课课程设计

教 学 环 节	教师为主的活动	学生为主的活动	设 计 意 图
课程引入	提出问题：①家里冬季如何取暖？②古人如何取暖？	思考并回答问题	从学生的生活入手引入课程，由近及远，激发兴趣
取暖背景介绍	展现含经堂的地炉照片，介绍含经堂的基本功能与北京的气候环境，引导学生了解皇家取暖的必要性	进入情境，开始深入思考取暖相关问题	利用图片激发学生的兴趣
初步提出问题	引导学生围绕皇家取暖提出感兴趣的问题	头脑风暴，提出问题	初步了解学生的兴趣点，同时通过头脑风暴打开学生的思路
实地考察，完成任务单	带领学生赴圆明园实地考察，下发任务单，引导学生在初步了解含经堂之后，提出具体的感兴趣的研究问题，任务单内容：①根据所给材料了解含经堂的基本情况和布局特点，实地考察后标出含经堂、淳化轩和蕴真斋，并尽量多地填出各建筑的主要功能。②你有哪些收获和感悟？关于取暖，寻找到了哪些感兴趣的研究方向？	认真观察，发散思维，提出问题，完成任务单	通过实地考察，了解含经堂的布局与功能，给学生直观刺激，提出更具体、更多的研究问题

图 4-59　第 1 次实地考察的照片记录

实地考察任务单：经过实地考察，学生提出如下问题，并在后面的课程中围绕这些问题做进一步的文献查阅与初步探究。

（1）地炉的具体结构如何？如何排气？

（2）地炉的分布和建筑的关系是什么？

（3）地炉会不会很烫？烧什么？

（4）地上凸字形的红�是否为取暖设施？

（5）是否还有其他取暖方式？

（6）取暖效果和周边环境有什么关系吗？

2）第 2 次课课程设计

概述：本节课是基于学生的研究需求而设置的，主要内容是为学生深入研究打下文献查阅的基础，通过实际操作练习，掌握确定关键词和查找文献的一般方法，并了解阅读整理文献的一般方法。并在课后通过查阅文献来深入了解自己所提问题，对其可行性有所判断。

教学过程：第 2 次课课程设计的内容如表 4-16 所示。

表 4-16　第 2 次课课程设计

教学环节	教师为主的活动	学生为主的活动	设计意图
课程引入	出示数据资料，显示查阅文献在一项科学研究中所占的时间比例，从而引导学生感受查阅文献的重要性	观察数据，感受并思考查阅文献的重要性	通过数据引入，让学生看到查阅文献的重要性，增加学习的积极性
查阅文献的目的	引导学生思考为什么查阅文献如此重要，并结合实例进行讲解，使学生明确查阅文献的目的	积极思考并理解查阅文献的目的	明确查阅文献的目的
问题过渡	明确了研究的目的，就可以更好地有的放矢地去查阅文献，那大家平时都去哪里查找资料呢？查找什么资料呢	思考讨论	完成由查找目的向文献类型的过渡，并明确查阅文献的第一个关键因素——权威性
文献的种类	结合实例，讲解文献的三种不同分类	积极思考，理解文献的分类	认识不同类别的文献，理解文献的分类方式
如查找文献	结合实例介绍三种常用的查找文献方法，并引导学生思考各种方法中所要关注的查找文献的关键因素。 进入电子数据库，结合实例进行示范操作，讲解关键词的选取和查找过程中的注意事项，并给学生设定研究课题进行独自操作练习	积极思考，理解各种查找文献的方法。认真听讲，熟悉操作步骤，理解关键词的选取。进行实际操作，独立完成文献的查找	理解查找方法，并明确查阅文献的几个关键因素——发表时间、参考文献、作者。 通过实际操作，掌握查找文献的一般方法，对所学知识进行巩固和迁移
如何阅读整理文献	引导学生思考如何阅读整理文献，结合实际经历介绍相关经验	积极思考回答问题，了解相关的阅读整理文献的方法	了解阅读文献的基本方法，为日后研究打下基础
作业布置	围绕自己所提出的取暖问题，查阅文献，下节课汇报讨论	完成作业，查阅文献并整理	巩固练习查阅文献的方法，并为下节课做准备

3）第 3 次课课程设计

概述：本节课主要内容是围绕学生提出的感兴趣的研究问题，通过大家的共同讨论确定具体的研究方向，构建基本的研究框架，通过知识的扩展补充和学生的分析讨论，细化研究内容、明确研究方法、制订初步研究计划，商讨最终呈现形式。

教学过程：第 3 次课课程设计的内容如表 4-17 所示。

表 4-17　第 3 次课课程设计

教 学 环 节	教师为主的活动	学生为主的活动	设 计 意 图
课程引入	回顾前期完成的任务单，对各题目进行简要评述。出示学生提出的自己感兴趣的研究问题	结合教师对任务单的评述，思考并修改自己的任务单，了解其他同学提出的研究问题	通过对实地考察的回顾，使学生进入皇家取暖的研究情境，初步了解本组同学的主要研究问题
问题解读：归纳基本研究方向	请学生依次解读自己提出问题的含义及原因。对学生所提出的问题进行适当的图文资料补充说明，如手炉等其他取暖方式和所用燃料等。基于对各问题的解读，引导学生归纳基本的研究方向	结合照片及资料，解读自己所提出问题的含义及原因。聆听并思考其他同学对问题的解读，结合教师补充的资料加深对问题的理解。结合对同学提出问题的理解，思考并归纳和皇家取暖有关的基本的研究方向	通过对问题的解读，进一步加深学生对所提问题的理解，同时锻炼学生发现问题、分析问题及表达问题的能力。听取其他同学的讲解，多角度了解皇家取暖问题，加深对研究主题的全面理解。教师提供资料补充说明，以加深学生对问题的认识，为后续交流讨论做知识上的铺垫。引导学生基于问题归纳主要的研究方向，以培养学生归纳概括的能力，同时为后续制定研究框架做铺垫
交流讨论：构建研究框架	板书归纳主要研究方向，引导学生交流讨论，寻找各研究问题之间的逻辑关系。讨论过程中，板书绘制各问题之间的关系。引导学生归纳整理，构建基本框架	交流讨论，思考研究问题间的关系，明确最终目标。协助教师绘制关系图，构建基本研究框架	通过对问题的分析，进一步加深对研究主题的理解，构建基本研究框架，并培养学生的逻辑思维与合作交流的能力
头脑风暴：细化研究内容，明确研究方法	基于构建的基本框架，引导学生以头脑风暴的形式对每一个研究问题进行细化展开，确定具体研究内容。引导学生将所说内容放在板书的适当位置，细化研究框架。基于各项具体研究内容，商讨可行性，确定研究方法	积极思考，发散思维，说出每一个研究方向下的具体研究内容。进一步思考所细化内容间的逻辑关系，将其放置在板书的合适位置。思考讨论每项内容的研究方法	头脑风暴，培养学生的发散性思维。细化框架，进一步提升学生的逻辑思维能力。通过讨论，锻炼学生对研究可行性的分析能力

续表

教学环节	教师为主的活动	学生为主的活动	设计意图
初步商讨：确定小组分工，制订研究计划，初设呈现形式	依据细化的研究内容，引导学生选择自己负责的研究内容。出示日历，引导学生根据时间安排，制订初步的研究计划。介绍往届的成果，引导学生共同商讨本组的最终呈现形式	根据自己的意愿，报名主要负责的研究内容。交流讨论，制订初步研究计划。提出可能的呈现形式，分析可行性，初步确定最终的呈现形式	通过小组分工，提升学生的参与度，培养学生的责任意识。培养学生制订计划的习惯，明确下一节课的任务，做好心理上的准备。通过呈现形式的讨论，培养学生的创新意识
依据计划布置任务	依据制订计划，向学生布置下节课的具体任务	明确自己的任务，准备后续收集资料和汇报	为下一节课做准备

在文献查阅课之后，学生已经对自己感兴趣的话题进行了相关资料的搜索和初步的探究，针对自己提出的问题整理出了简单文献综述，并在本节课上与同学们交流分享，如图 4-60 所示。

图 4-60　同学间分享交流

4）第 4 次课课程设计

概述：本阶段的课程设置较为灵活，在原定计划的基础上，根据学生的实际研究进展情况而随时调整。因此，这里只列出主要的环节和解决的主要问题，具体安排要按学生的进展和随时提出的问题来灵活安排。

本阶段主要包括文献查阅、实地考察、试验模拟、室内汇报等环节，各环节在每个小问题的研究过程中均会穿插进行，主要完成以下问题：①通过实地测量了解圆明园宫殿取暖设施构造，再现地炉、火炕及其工作原理；②通过实地考察、科学测量探明圆明园地理环境如地形、湖泊、植被等对于气温、风力湿度的影响，进而了解地理环境对宫殿取暖的影响；③通过实验或计算机模型模拟含经堂宫殿的取暖效果。

教学过程：第 4 次课课程设计的内容如表 4-18 所示。

表 4-18　第 4 次课课程设计

教学环节	教师为主的活动	学生为主的活动	设计意图
文献查阅	在机房指导学生分组查阅文献，分别查阅古人取暖方式、含经堂主要建筑及分布、火炕工作原理、房屋结构与取暖的关系、地形与水域对气温的影响等内容。 特别是取暖方式、取暖材料与房屋结构和取暖关系需要大量的文献支持，要尤其注意对文献的整理。 期间回答学生的问题，提醒学生做好文献的筛选与整理。 此外，针对学生提出的具体问题，需联系相关专家访谈，面对面解决问题	查阅文献，细致阅读，整理归纳； 地炉小组：侧重工作原理的理解； 取暖方式与环境小组：侧重通过文献查阅，分析地炉分布与房屋功能和大小的关系，理解水域和地形对小气候的影响	强化练习查阅与整理文献的能力，体会文献综述的过程，并为深入研究提供文献支持，数据与理论依据
实地考察	带领学生赴圆明园，准备卷尺、三角板、温度计、记录本等材料，指导学生考察与测量： （1）测量地炉的相关数据（该项测量数量多、工作量大，需要一定时间，且被玻璃盖住的地炉深度和一些精细数据较难测定，此时需引导学生讨论适合的解决方案，结合数学方法来进行测算，引导学生发散思维，解决问题）； （2）测量含经堂山体高度、水域面积（山体垂直高度较难直接测定，仍要利用数学方法来利用斜坡长度与坡度来指导学生测算，而水域面积较广，较难测定，因此可以指导学生结合地图与比例尺计算）； （3）测量含经堂山体两侧的气温差异（该项内容测量较容易，但应多次测量，能够准确地反映山体对气温的影响）。 带领学生赴颐和园或故宫，观察皇家宫殿建筑，寻找更多的取暖相关结构	（1）地炉小组：①利用卷尺测量不同形制的地炉遗迹；②发散思维，利用数学计算等方法测量两处真实地炉的精细数据。 （2）环境小组：测量山体高度与水域的面积，并测量山体两侧的气温差异。 （3）观察皇家宫殿的建筑结构，分析建筑结构与采光、取暖的关系	实地考察，获得真实数据，体会科学研究的实际过程，收获乐趣和严谨的科学态度
实验模拟	组织学生讨论，对测量数据进行整理分析，并分组进行实验、制作相应的模型等，联系计算机等相关学科教师给予相应指导	积极讨论，细致分析数据： （1）根据测量数据绘制含经堂地炉分布平面图，与各房屋功能相关联； （2）利用计算机软件，制作地炉立体模型，模拟地炉、火炕的工作原理； （3）利用砖块搭建小地炉模型，实测焦炭燃烧对温度的影响	通过动手绘制、建立模型等过程，深入分析研究问题，学会对数据的分析和使用，学会用实验模拟的方式来解决问题

续表

教学环节	教师为主的活动	学生为主的活动	设 计 意 图
汇报研讨	（1）在每次实地考察之后，给学生布置作业整理考察资料，第2次课以小组为单位进行汇报，明确汇报要求；小组汇报时，引导学生认真聆听思考，相互提出问题，充分讨论，提出进一步的解决方案； （2）在出现难解决的问题时，引导大家集中研讨，如两个真实地炉坑道的精细数据要如何测量？地炉的工作原理如何演示	（1）制作PPT，小组为单位汇报研究进展，时间5～10min； （2）小组间相互提问，积极思考讨论，对出现的问题深度研讨，明确进一步待研究的问题和方案	（1）在汇报过程中，更全面地了解研究问题和进展，并在此过程中锻炼表达与合作交流能力； （2）在解决困难问题的过程中，深入思考，提升学生综合分析问题、解决问题的能力

在教学活动过程中，会涉及数学、建筑等多方面的知识，也会遇到很多无法解决的问题，甚至需要去重新修订之前预设的问题，这时就需引导学生从多角度思考，不断查阅资料、交流讨论，从多角度来解决实际探究中遇到的具体问题，及时做出调整，如图4-61和图4-62所示。

图 4-61　地炉长度数据实地测量　　　　图 4-62　地炉深度数据实地测量

在测量过程中，学生还总结出了如卷尺测量、几何测量、砖块测量等不同的测量方法，并对各种方法给予自己的说明和评价。

多次实地测量之后，学生根据所得数据绘制了地炉分布平面图（图4-63），说明其与房屋功能之间的关系，绘制了地炉测量平面图（图4-64），利用skechup制作地炉立体模型（图4-65），并在课上相互交流分享，如图4-66和图4-67所示。

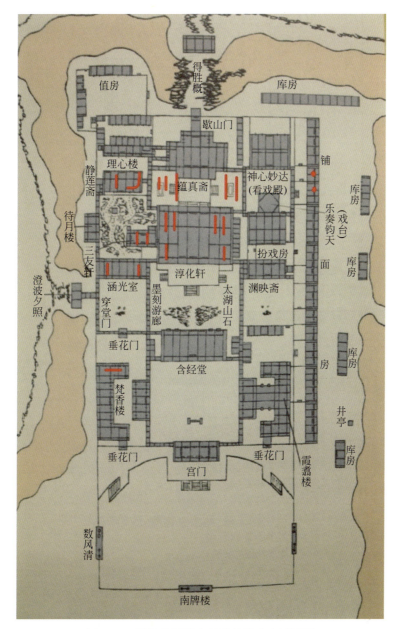

图 4-63 学生绘制的含经堂地炉分布平面图

5）第 5 次课课程设计

概述：本次课程主要内容是向学生介绍研究论文的基本格式，引导学生编写探究报告，系统总结研究过程与成果，规范写作语言，展示探究成果，如图 4-68 所示。

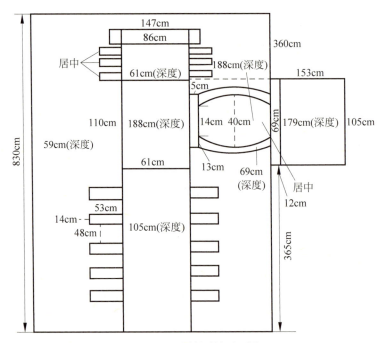

图 4-64   地炉测量平面图

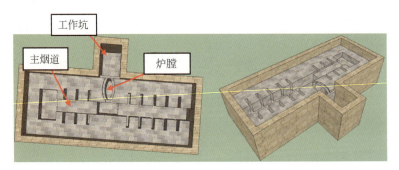

图 4-65   地炉立体模型

图 4-66   课上分享考察结果

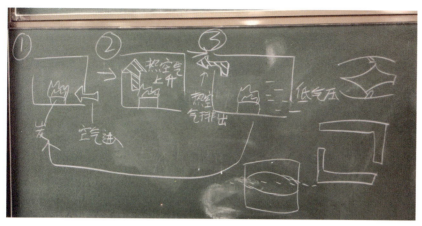

图 4-67 地炉工作原理示意图

图 4-68 学生分组撰写论文

教学过程：第 5 次课课程设计的内容如表 4-19 所示。

表 4-19 第 5 次课课程设计

教学环节	教师为主的活动	学生为主的活动	设 计 意 图
撰写专题报告，讨论论文框架	（1）引导学生总结各自小组的研究过程与结论，各自撰写成文； （2）引导学生相互汇报交流，互相提出修改意见； （3）引导学生讨论论文的框架，与最初的设计框架作对比	撰写报告，讨论修改。 结合各小组研究过程和实际获得，交流讨论，形成有逻辑的论文框架	形成初步研究报告，感受写作研究论文的过程。 培养学生逻辑思维，明确各问题间的联系；并在前后比较中体会科学研究中可行性分析的重要及实际问题与理论设想之间的差异

续表

教学环节	教师为主的活动	学生为主的活动	设 计 意 图
论文介绍	（1）结合实例向学生展示论文的基本格式； （2）依次介绍摘要、关键词、结论等部分的主要内容和写作要求； （3）引导学生结合皇家取暖研究，撰写摘要示例，列出关键词，并相互评价修改	听讲思考。 初步撰写摘要，列出关键词，在相互评价中修改提升	了解论文基本格式，为撰写报告打基础。 在相互修改的过程中明确问题，提升写作能力
撰写成文	引导学生撰写成文，在修改中规范写作格式和语言表达。 引导学生抓住论文主要内容进行汇报	综合各组报告，整合成文，提炼研究结论，不断修改完善。 制作 PPT，展示研究的主要内容及结论	学会论文写作的基本要求与结论的提炼。 学会提纲挈领汇报，锻炼表达能力，体会科学研究的完整过程

参考文献

[1] 冯华. STEM 教育视野下的综合课程建设 [J]. 中小学管理，2016（5）：14-16.

[2] 董宏建，白敏. 中国理工科 STEM 教育发展探究 [J]. 现代教育技术，2016，26（7）：12-17.

[3] 罗文平. 学与做：教师培养的双轮驱动模式 [J]. 教师教育论坛，2018（5）：41-44.

[4] 吕延会. STEM 教育的核心精神 [J]. 当代教育科学，2017（5）：16-19.

[5] 杨亚平，陈晨. 美国中小学整合性 STEM 教学实践的研究 [J]. 外国中小学教育，2016（5）：58-64.

[6] 蔡婷婷，李佳. 日本科学课程教材 STEM 内容分析 [J]. 浙江教育科学，2018（1）：6-9.

[7] 杨亚平. 美国、德国与日本中小学 STEM 教育比较研究 [J]. 外国中小学教育，2015（8）：23-30.

[8] 万东升，张红霞. 杰出创新人才的培养：美国最新动态 [J]. 外国教育研究，2012，39（2）：68-74.

[9] 龚理文. 基于 STEM 教育理念的高中化学教材分析 [D]. 重庆师范大学，2018.

[10] 宋巧颖. 基于 STEM 教育理念的中学化学教学设计与实践 [D]. 闽南师范大学，2018.

[11] 陈济平. 在初中化学教学中实施 STEM 教育的研究 [D]. 内蒙古师范大学，2018.

[12] 刘雪. STEM 理念在中学化学教学中的应用 [D]. 延边大学，2018.

[13] 田小兰，吴晓红，申倩倩. STEM 素养及其在化学课程中的体现 [J]. 教学与管理，2018（3）：107-109.

[14] 孙萌，陈强，李洋. 基于 STEM 理念的化学教学设计——以"物质的量在化学实验中的应用"为例 [J]. 广东化工，2018，45（6）：257-258.

[15] 陆庭銮. 促进化学深度学习的 STEM 项目设计 [J]. 化学教与学，2018（7）：2-5.

[16] 吴晓红，田小兰，蒋思雪. 以培养学生 STEM 素养为目标的项目化学习设计——以"爱护水资源为例"[J]. 化学教学，2017（12）：38-43.

[17] 卢苗苗，郑雅君，占小红. STEM 教育理念在高中有机化学教学中的渗透——以"柠檬精油的提取工艺"为例 [J]. 化学教学，2018（7）：45-50.

[18] 吴晓红，田小兰. 中学化学教学中渗透 STEM 理念的教学设计——以"人工固氮技术——合成氨"为例 [J]. 化学教与学，2016（11）：47-51.

[19] 田润，丁伟. 基于化学实验的 STEM 项目——设计检测 $Co2+$ 浓度的技术方案 [J]. 化学教学，2016（11）：43-47.

[20] 任伟，李远蓉，马坤鹤，等. 基于 STEM 教育下的中学化学教学模式初探 [J]. 化学教与学，

2015（7）：10-12.

[21] 许亮亮，邹正，吴可威. 基于STEM理念的中学化学创新实验研究——以"自制电解水芯片实验室"为例 [J]. 化学教育，2017，38（5）：62-65.

[22] 许亮亮，邹正，吴可威. 基于STEM理念的中学化学创新实验研究——以"自制电解水芯片实验室"为例 [J]. 化学教育，2017，38（5）：62-65.

[23] 江丰光，蔡瑞衡. 国内外STEM教育评估设计的内容分析 [J]. 中国电化教育，2017.6

[24] 教育部教育管理信息中心，北京师范大学，北京国信世教信息技术研究院. 中国STEAM教育发展报告，2017.1

[25] 中国教育科学研究院. 中国STEM教育白皮书，2017.6